RUNEN

RUNEN

MAGISCHE VERBINDUNGEN ZUM UNIVERSUM

Lona Eversden

Librero

Titel der Originalausgabe: *The Runes Box*

Postbus 72, 5330 AB Kerkdriel,
Niederlande

Aus dem Englischen von Anne Döbel
(für iMport/eXport)
Lektorat: Anika Seemann
Satz: iMport/eXport

Gedruckt und gebunden in China

ISBN 978-94-6359-805-7

Bildnachweise: Daria Iazykova 2, 11, 36, 38, 42, 44, 46, 48, 50, 52, 54, 56, 58, 60, 62, 64, 66, 68, 70, 74, 76, 78, 80, 82, 84, 88, 90, 93; Shutterstock/Bourbon-88 Buchumschlag, Rückseite der Karten, 3, 12; Shutterstock/Jef Thompson 9, 10, 13; Shutterstock/Sidhe 14; Shutterstock/Handzeichnung 15, 92; Shutterstock/yulianas 26; Shutterstock/Kerry V. McQuaid 28; Shutterstock/Daria_I 40, 72.

INHALT

„Lausche wie ein Wolf, beobachte wie ein Rabe, das ist der Weg zur Weisheit.“

Motto der Rune, *Ansuz*

WAS SIND RUNEN?

RUNENKUNDE

Runen sind uralte Schriftzeichen, ein nicht mehr gebräuchliches Alphabet und gleichzeitig so viel mehr. Die germanischen Völker Nordeuropas – Wikinger, Goten, Sachsen und Angeln – verwendeten die geheimnisvollen Symbole für verschiedene Zwecke. Runen galten schon immer als heilige Quellen mystischer Kraft. Das Wort „Rune" bedeutet Geheimnis oder etwas, das geflüstert wird.

DER GLAUBE HINTER DEN RUNEN

Heute ist die Vorstellung, mit Magie zu schreiben, doch etwas sehr fantasievoll. Menschen, die in früheren Zeiten ihr Leben nach Runen ausgerichtet haben, brachte es große Vorteile. Das Schreiben und die Fähigkeit zu lesen bedeuteten den Zugang zum Schatz an Wissen. Die Runenmeister erlangten tiefes Verständnis und Erkenntnisse, die den ungebildeten Massen verschlossen blieben. Und so überrascht es nicht, dass Runen auch der Zauberei dienten und als Schlüssel zu verborgener Weisheit angesehen wurden. Auch heute noch werden sie für das Wahrsagen eingesetzt, aber auch, um die versteckten Winkel der menschlichen Psyche oder unbekannte Schicksalspfade zu erforschen.

Der mächtige Thor, Sohn des Odin, nordischer Gott des Donners und der Blitze, schwingt seinen Hammer Mjölnir. Er soll Inspiration für die Rune Thurisaz, dessen Gottheit er ist, sein.

Runen waren feste Bestandteile des germanisch-nordischen Glaubenssystems. Die Menschen in Nordeuropa beteten eine bunte Schar Götter und Göttinnen an, über die sie sich wundervolle Geschichten erzählten. Darin ging es um den Ursprung und die Struktur des Universums, die Taten und Mühsale von Helden, unterlegt mit dem düsteren Glanz von Kampf und Krieg, Liebe, Eifersucht und Betrug. Zu den Göttern gehörten Odin, Gott des Windes, des Kriegs und der Weisheit, Frigg, Göttin der Mutterschaft, sowie ihre Söhne Thor, der Donnergott, und Baldur, Gott des Lichts, der vom listigen Gott Loki getötet wird. Es gab den Meeresgott Njörd, dessen Sohn Frey, Herr des Sommers, und Freys Zwillingsschwester Freya, Göttin der Liebe. In der germanischen Welt des Übernatürlichen tummelten sich noch viele weitere Wesen.

Die Walküren, die Schwanenjungfrauen in den Opern Richard Wagners, spielten Schicksal: Sie entschieden, welche Krieger in der Schlacht sterben sollten und brachten deren Geist nach Walhalla, der Festhalle der Getöteten. Dann waren da die Nornen, Hexenschwestern, nach deren Vorbild die Prophetenhexen in Shakespeares Macbeth sowie für die dreizehnte Fee bei Dornröschen entstanden.

Die nordischen und germanischen Geschichten erzählen von kriegerischen Riesen und Elfen, die von ihrem Wesen Naturgeister waren, wie die Najaden und Nymphen in der griechischen Mythologie. Bei den Germanen spielten Zwerge eine Rolle: Sie waren meist gedrungen, hässlich und beschäftigten sich mit Berg- und Metallbau – genau wie in den Büchern von J. R. R. Tolkien. Viele der germanischen Götter und geringeren Kreaturen finden sich in ihrer Darstellung in anderen Mythologien wieder, von der griechischen über die persische bis zur südamerikanischen. Sie basieren auf denselben Archetypen, weswegen sie uns auch heute noch ansprechen, auch wenn wir sie als fiktive Figuren ansehen und nicht als übernatürliche Wesen.

Odins Schildträger, die Walküren, ritten auf weißen Rössern durch den Himmel, vermutlich eine Metapher für Wolken, die ursprünglich wohl Wettergottheiten waren.

DIE NEUN SPIRITUELLEN REICHE

Auf kosmogonischer Ebene stellten sich die Menschen der Runen einen Göttersitz namens Asgard vor sowie acht weitere Reiche, die alle vom Weltenbaum Yggdrasil getragen wurden. Zu den Welten gehörten Jötunheim, das Land der Riesen, das irdische Reich Midgard und Niflheim, die eisige Unterwelt.

Die Menschen glaubten außerdem an die bevorstehende Apokalypse Ragnarök, auf die sich häufig als Götterdämmerung bezogen wird, obwohl „Dämmerung“ hier eher für „Untergang“ steht. Der Ragnarök bedeutete die Vernichtung aller Götter. Aus den Trümmern sollte eine neue grüne Welt entstehen. Die Menschen sahen das Universum als zyklisch an, es hatte einen Beginn und ein Ende, wobei aus dem Ende heraus ein neuer Anfang entstand. Interessant ist, dass einige Kosmologen des 21. Jahrhunderts dasselbe über unser physikalisches Universum denken.

Yggdrasil, der Weltenbaum. Zu seinen neun Welten zählt Asgard (Land der Götter), Niflheim (die Unterwelt) und Jötunheim (Reich der Riesen).

RUNEN IN DER MODERNEN WELT

Die nordischen Mythen spielen auch in unserer Zeit eine Rolle. So führen Wochentage versteckt die Namen germanischer Götter: Donnerstag ist „Thors Tag“ und Freitag ist „Friggs (Frijas) Tag“. Andere Spuren des alten Glaubens in unserer modernen Kultur sind zum Beispiel das christliche Ostern, das seinen Namen vom nordischen Fest zum Winterende ableitet oder das Wort „Hölle“, das seinen Ursprung in der Todesgöttin Hel hat. Die Fichte und die Mistel, die fester Bestandteil des christlichen Weihnachtsfests sind, gelten auch den heidnischen Völkern des Nordens als heilig.

Vieles, was wir heute über Runen wissen, haben wir von Inschriften auf Runensteinen gelernt. Etwa 3000 gibt es noch in Skandinavien, viele davon als Grabsteine.

Damit sind die Runen nicht bloße Fossilien. Diese Buchstaben mit ihrer Vielzahl an Bedeutungen sind lebendige Bestandteile eines uralten Erbes, das sich bis weit über die Grenzen des kalten Nordeuropas ausgebreitet hat. Viele Millionen Menschen können sich zu Recht Kinder der Runen nennen.

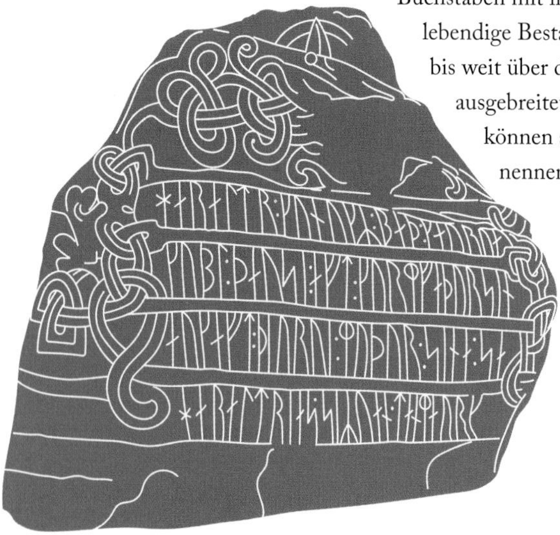

HERKUNFT DER RUNEN

Nordische Legenden erzählen, dass der Gott Odin sich die Runen nach einer schweren Prüfung verdient hat. Aus der Sicht Odins berichtet das „Hávamál“, ein isländisches Gedicht aus dem neunten Jahrhundert, darüber. Neun Tage lang hing Odin an einem Baum, „um mich selbst zu opfern.“ Dabei machte ihm eine Speerwunde zu schaffen, die er sich vermutlich selbst beigebracht hatte. Am Ende des neunten Tages „blickte ich in die Tiefen hinab und schreiend griff ich nach den Runen, als ich wieder vom Baum fiel.“ Diese seltsame Geschichte über Verleugnung und Wiederauferstehung findet sich auch in der christlichen Erzählung über die Kreuzigung wieder sowie in der Tarotkarte des „Gehängten“. Welches die Verbindung zwischen diesen Traditionen sein mag, ganz sicher handelt es sich um tiefe Symbolik, einer archetypischen Geschichte darüber, dass universelle Wahrheit oder persönliche Weisheit nur durch selbst auferlegten Schmerz, Prüfung und Entbehrung zu erreichen ist.

Der geheimnisvolle Gehängte im Tarot erinnert an Odins selbstlose Suche nach Erkenntnis.

THEORIEN UND HYPOTHESEN

Historiker erzählen eine andere Geschichte über die Ursprünge der Runen, die allerdings kaum weniger geheimnisvoll ist, wobei verschiedene Theorien kursieren. Eine Vermutung ist, dass die Vorläufer der Runen in den Felsmarkierungen der Menschen im Neolith und dem Bronzezeitalter zu erkennen sind, die an verschiedenen Orten in Nordeuropa gefunden wurden. Einige dieser Symbole ähneln Runen – das kann natürlich ein Zufall sein und noch wissen wir nicht, was die Zeichen aus der Bronzezeit bedeuten. Dennoch neigen viele, die sich mit Runen beschäftigen, zu dieser Ansicht, wäre sie doch ein Beweis dafür, dass Runen, die einen wichtigen Teil der nordischen Identität darstellen, eine rein nordische Erfindung wären.

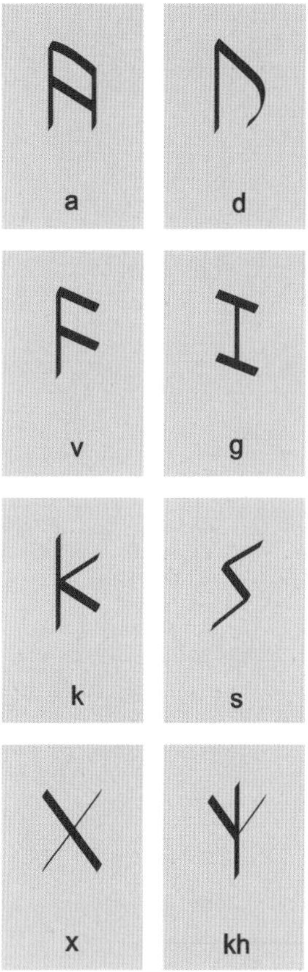

Alte etruskische Schriftzeichen, die Ähnlichkeiten mit den Runenzeichen Uruz, Ansuz, Kenaz, Sowilo, Gebo und Algiz aufweisen.

Wahrscheinlicher ist es, dass die Germanen aus dem Norden Alphabete anderer Völker kennenlernten und die Buchstaben an den Klang ihrer Sprache und ihre Lebensumstände anpassten. Die Schriftzeichen des alten Griechisch sind mögliche Vorlagen für die Runen. Einige Runen haben identische griechische Gegenstücke: Berkana, zum Beispiel, sieht genauso aus wie der griechische Buchstabe Beta. Es könnte also sein, dass Germanen mit der griechischen Kultur in Kontakt gekommen sind und ihr Alphabet – oder Elemente daraus – entliehen haben. Die Goten, ein ostgermanisches Volk mit einem Reich, das sich zeitweise bis ins griechischsprachige Byzanz ausdehnte, könnte die Verbindung der beiden Kulturen gewesen sein.

Eine andere, vermutlich plausiblere Theorie ist, dass Runen von einer etruskischen Schrift übernommen wurden, die auf der italienischen Halbinsel vor mehr als 2000 Jahren verwendet wurde, noch vor dem Aufstieg Roms. Auch hier finden sich identische Buchstaben: Gebo etwa entspricht völlig dem etruskischen Zeichen für x und das etruskische Zeichen für kh sieht genauso aus wie Algiz. Wir wissen, dass germanische Stämme zu Menschen südlich der Alpen vorgedrungen sind. 1811 fanden Archäologen bei Negova in Slowenien germanische Bronzehelme mit etruskischen Inschriften. Die Schrift stammt aus dem zweiten Jahrhundert nach Christus und erwähnt eindeutig nordeuropäische Personen wie Harigast den Priester und Dubnos, den Schweineschlächter.

RUNEN ALS PIKTOGRAMME

Die einfachen geraden Linien der Runen weisen darauf hin, dass sie in Materialien wie Stein, Metall oder Holz geschnitten oder geritzt werden. (So hat das englische Wort für „schreiben“ seine Wurzeln in dem Ausdruck für „in eine harte Oberfläche ritzen“.) Auch ist bekannt, dass die Symbole anfangs Piktogramme waren, also stilisierte Bilder von Dingen der realen Welt wie Tiere, Pflanzen und Naturphänomenen. Ihre Bezeichnungen spiegeln dies wider: Uruz bedeutet „Auerochse“ (ein Urzeitrind), seine Form erinnert an die Hörner eines Stiers. Isa bedeutet „Eis“ und sieht aus wie ein Eiszapfen. Bei einigen Zeichen ist es völlig unklar, was sie darstellen, ihre Namen beruhen auf begründeten Vermutungen.

RUNENALPHABET

Im Laufe der Jahrhunderte entstanden mehrere Versionen des Runenalphabets. Das am verbreitetste ist als älteres Futhark bekannt. Der Name leitet sich von der Kombination der ersten sechs Buchstaben – F bis K – zu einem einzigen Wort ab (das „th“ ist ein eigener Buchstabe). Dieses Alphabet besteht aus 24 Buchstaben und war etwa bis ins siebte Jahrhundert in Gebrauch. Eine spätere Version, das jüngere oder dänische Futhark, bestand aus nur 16 Buchstaben. Angelsächsische Invasoren und Wikinger brachten ihr Wissen über Runen auf die britischen Inseln. Dort erweiterte sich die Runenreihe, um die Klänge der sich entwickelnden englischen Sprache aufzunehmen. Diese Inselversion des Runenalphabets heißt Futhork (denn in England hatten sich die Namen und Werte der Buchstaben verändert) und bestand aus 33 Buchstaben.

Thurisaz bedeutet „Dorn“ und sieht aus wie ein Dorn an einem Stängel.

Kenaz heißt „Fackel“ und ähnelt einem Lichtstrahl.

Ehwaz bedeutet „Pferd“ und stellt einen Pferdekopf dar, Gesicht geradeaus, Ohren gespitzt.

Othala heißt „Heimat“ und zeigt vermutlich das Dach und Holzbalken eines Hauses.

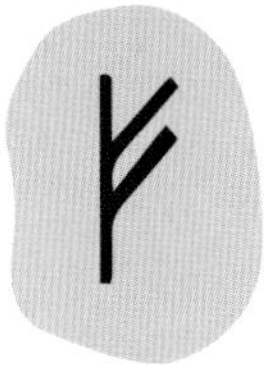

Fehu

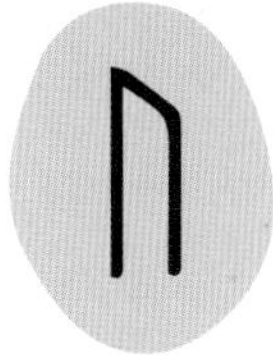

Uruz

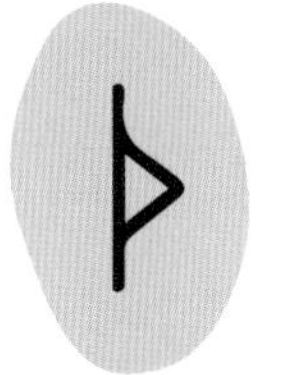

Thurisaz

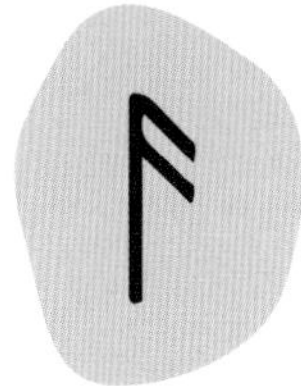

Ansuz

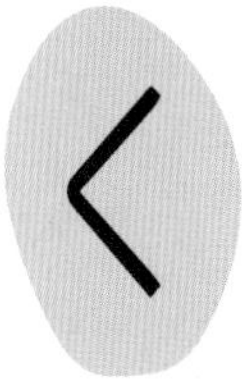

Kenaz

Gebo

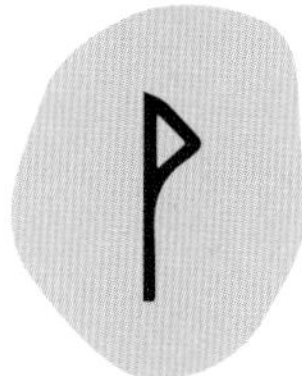

Wunjo

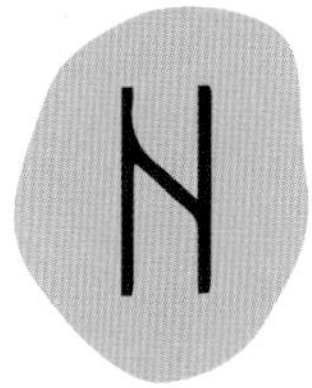

Hagalaz

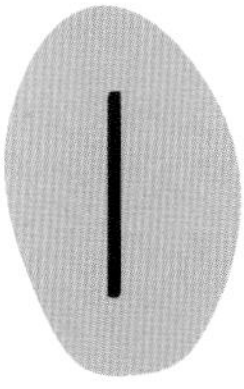

Isa

Jera

Ihwo

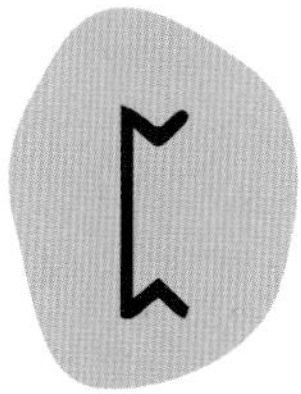

Pertho

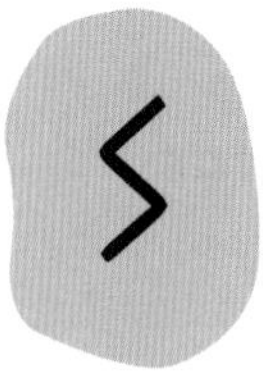

Sowilo

Teiwaz

Berkana

Ehwaz

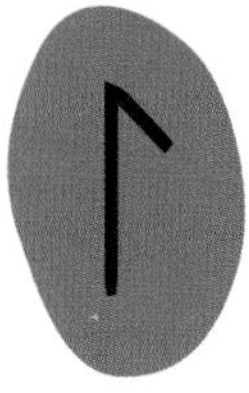

Laguz

Ingwaz

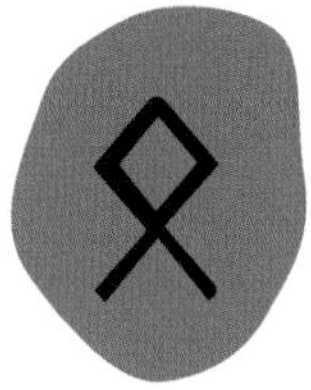

Othala

Dagaz

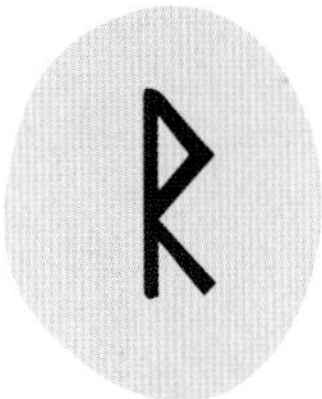

Raidho

Naudiz

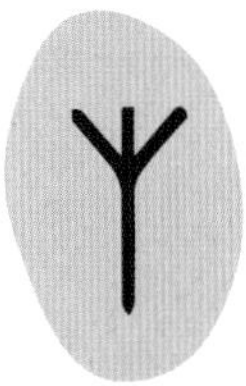

Algiz

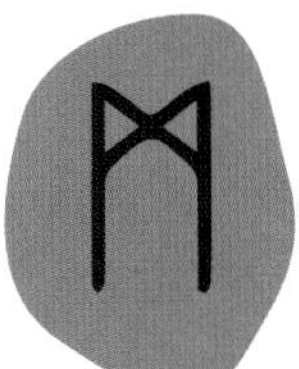

Mannaz

Das ältere Futhark wird in drei ættir, Gruppen, aufgeteilt und farblich sortiert.

DAS ALTERE FUTHARK

Für das Wahrsagen nimmt man die 24 Runen des älteren Futharks. Es ist in drei Gruppen von je acht Runen unterteilt. Jede Gruppe – oder ættir – steht für eine Gottheit: Freya, das lebensfrohe Äquivalent zu Venus, Heimdall, der Wächter der Götter, dessen Sinne so scharf waren, dass er das Gras wachsen hören konnte und Tyr, der für Gerechtigkeit, das Eidablegen und die Formalitäten von Kriegen zuständig war. Freyas ætt (Einzahl von ættir) umfasst die Buchstaben Fehu bis Wunjo. Sie stehen fürs Aufziehen und Versorgen und reflektieren die Mutterrolle der Göttin. Heimdalls ætt reicht von Hagalaz bis Sowilo und repräsentiert die Selbstbetrachtung mit mönchsgleicher Versenkung. Tyrs ætt ist das von Teiwaz (Tyrs anderer Name) bis Dagaz und benennt Tugenden von Kriegern und Königen, den Weg bis zum Sieg oder einem anderen erfolgreichen Ausgang. Den ættir kommt auf anderer Ebene eine weitere Bedeutung zu, die drei Gottheiten entsprechen nicht immer den Göttern und Göttinnen der einzelnen Rune. Das heißt, wenn zum Beispiel ein ætt in einer Legung stark vertreten ist, sollte das wohl beachtet und bei der Deutung der einzelnen Runen einbezogen werden.

Im Wesentlichen ist das Wahrsagen mit Runen eine intuitive Kunst wie Tarot. Beim Deuten der Runen geht es darum, die Zeichen zu verstehen und um die Symbolik hinter den Buchstaben und ihrer Kombination. Diese uralte Kunst wurde in den schneebedeckten Wäldern Nordeuropas geboren und an den qualmenden Feuern, an denen unsere Vorfahren einander Geschichten erzählten, gehegt und gepflegt. Und um diese Runen dreht sich dieses Buch.

„Nur wer seine größte Schwäche kennt, wird auch seine wahre Stärke erkennen.“

Runenmotto, *Uruz*

RUNEN LEGEN

EINE LEGUNG VORBEREITEN

Weil Runen so einfach handzuhaben sind, können sie von jedem, der wahrsagen möchte, verwendet werden. Aber ihre lange Geschichte und der Widerhall der Naturkräfte, der in ihnen klingt, verleiht ihnen eine Tiefe, die nur durch Wissen und Erfahrung zugänglich ist. So sind sie für Einsteiger und alte Hasen unterschiedlich ergiebig.

Auf den Übersichtskarten, die im Set enthalten sind, finden Sie die wesentlichen Informationen, die Sie für die Deutung der Runen brauchen. Jede Rune repräsentiert den Geist eines Elements der Naturwelt oder einen göttlichen Geist, der unsere Vorfahren inspirierte. Jera ist beispielsweise die Karte für den Herbst.

Als Hilfe bei der Deutung der Runen finden Sie deren Grundbedeutungen auf jeder Karte. Anfangs werden Sie bei den einzelnen Runen noch auf dieses Buch zurückgreifen müssen, aber auch für den Fall, dass die Karte verkehrt herum, also mit dem Kopf zu Ihnen, liegt. Das Lesen der Runen erfordert es, Verbindung zur eigenen Intuition aufzunehmen, was leichter gelingt, wenn Ihnen die Symbole und ihre Bedeutungen geläufig sind. Dann werden Sie in der Versenkung auf die Aspekte der Natur, für die sie stehen, Ihre eigenen Interpretationen entwickeln.

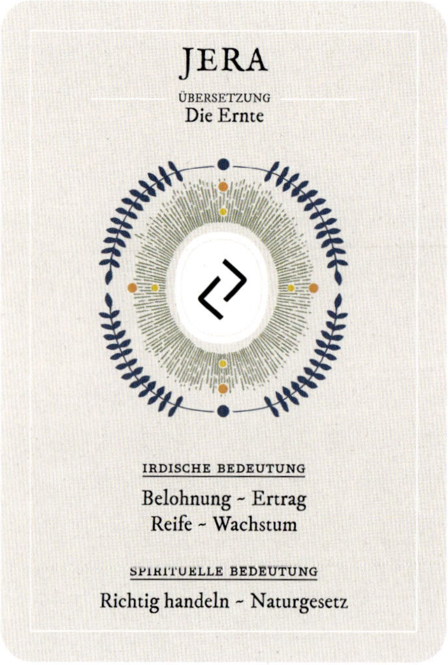

Sie könnten damit beginnen, jeden Tag ein wenig über eine Rune zu lesen und sich mit ihrem Symbol vertraut zu machen, indem Sie es auf Papier zeichnen, um es sich zu merken. Empfehlenswert ist es, ein Tagebuch mit eigenen Bemerkungen oder Legungen und Ihrer Interpretation zu führen.

ENTSPANNEN UND FOKUSSIEREN SIE SICH

Bei einer Runendeutung kommt es auf die Konzentration an, Ihr Geist muss daher entspannt sein, um offen dafür zu sein, was die Karten Ihnen erzählen. Auch eine aufgeräumte Umgebung hilft, Unordnung lenkt nur ab.

Sitzen Sie einen Moment ruhig da, bevor Sie loslegen. Schließen Sie die Augen und konzentrieren sich auf Ihre Atmung, um sich zu sammeln. Sie können auch eine Kerze anzünden und in die Flamme schauen oder Sie bitten ein höheres Wesen um Führung. Dann nehmen Sie die Karten in Ihre Hände und fokussieren sich mit geschlossenen Augen auf das Gewicht der Karten und wie sie sich anfühlen.

Legung mit drei Runen

Vergangenheit | Gegenwart | Zukunft

Eine unkomplizierte Methode, wenn Sie sich auf die wesentlichen Fakten einer Sache einstimmen wollen. Besonders geeignet für den schnellen Überblick, wie eine Situation entstanden ist und wie die Sache höchstwahrscheinlich ausgeht.

Sind Sie bereit, lassen Sie das Problem, bei dem Sie Beistand brauchen, in Ihrem Geist ganz groß werden. Formulieren Sie es möglichst als Frage und so eindeutig wie möglich. Beschränken Sie sich auf eine Frage pro Legung, zwei können zu Verwirrung führen, und entscheiden sich dann für eine Legungsart. Eine Auswahl an Legemethoden finden Sie auf der nächsten Seite.

Wenn Sie unsicher sind, welche Methode Sie wählen sollen, verwenden Sie zur Inspiration die Orakelkarten oder wählen Sie beliebig eine aus.

UMSICHTIG DEUTEN

Vertrauen Sie Ihren Instinkten: Runen haben verschiedene Bedeutungen, Ihre Intuition wird Ihnen verraten, welche gerade zutrifft.

Der erste Gedanke zählt: Hinterfragen Sie ihn nicht oder zermartern sich wegen der Bedeutung.

Sprechen Sie sich aus: Kommt Ihnen ein Gedanke in den Sinn und Sie verstehen ihn nicht, schieben Sie ihn nicht beiseite. Später erschließt sich vermutlich der Sinn. Legen Sie für eine andere Person, teilen Sie den Gedanken. Ist es für Sie, schreiben Sie Ihren Gedanken auf.

Keine Sorge: Vielleicht wird Ihr Kopf ganz leer, vor allem, wenn Sie für jemand anderen lesen. Bleiben Sie ruhig eine Weile still und sammeln sich.

Freundlich bleiben: Seien Sie immer behutsam, wenn Sie für andere legen. Und denken Sie nicht gleich das Schlimmste, wenn Sie eine negative Rune für sich selbst ziehen. Behandeln Sie sie wie eine hilfreiche Warnung.

DIE LEGUNG

Mischen Sie die Runenkarten wie normale Spielkarten, dabei sollen die Seiten mit den Symbolen von Ihnen wegzeigen, damit Sie nicht in Versuchung geraten, sich die Reihenfolge oder Platzierung der gewünschten Karte zu merken. Konzentrieren Sie sich beim Mischen auf Ihre Frage. Wenn Sie so weit sind, legen Sie das Kartendeck auf den Tisch und breiten die Karten mit der Handfläche in einer durchgehenden Bewegung in einer Reihe aus. Wählen Sie nun die Anzahl der Karten für Ihre Legemethode aus. Manche machen das mit geschlossenen Augen, andere möchten sehen, zu welchen Karten sie hingezogen werden – das ist Ihnen überlassen. Vertrauen Sie Ihrem Unterbewusstsein.

Oft werden die Karten auf einem Tuch, dem sogenannten Runentuch, ausgelegt. Das kann schlicht sein, häufig ist es aber auch verziert. Zunächst ist es wichtig, die Runenkarten auf einer flachen Oberfläche auszulegen, die frei von anderen Gegenständen sein sollte, die sonst nur leicht ablenken, wenn man sie aus den Augenwinkeln sieht. Achten Sie darauf, dass Sie die Karten in der Reihenfolge legen, in der Sie sie gezogen haben. Dabei hilft, wenn Sie die neu gezogenen Karten unter die schieben, die Sie bereits in der Hand haben, damit Sie von oben auslegen können. Legen Sie die Karten mit dem Bild nach unten ab und drehen sie einzeln um, um sie zu interpretieren.

FÜR EINE ANDERE PERSON LEGEN

Beim Legen der Runen für jemand anderen ist Empathie nötig. Sie müssen beide auf das Problem konzentriert sein, um das es geht, und sich gleichzeitig entspannt und bequem fühlen. Bitten Sie die fragende

Person, im Sitzen einen Moment die Augen zu schließen, während Sie alles vorbereiten. Mischen Sie selbst und bitten die andere Person, die Karten mit der linken Hand abzuheben. Links repräsentiert die intuitivere Hälfte des Gehirns. Dann breiten Sie die Karten nebeneinander aus (Vorderseite nach unten), bitten die fragende Person, die erforderliche Anzahl Karten auszuwählen und Ihnen anschließend den Stapel zum Auslegen zu übergeben.

Viele lassen sich zum Vergnügen die Runen legen, aber die Deutung kann zu wichtigen Einsichten führen, die verstören können. Daher müssen die Karten mit Taktgefühl interpretiert werden, auch wenn sie etwas vermeintlich Negatives enthüllen. Benutzen Sie die Karten als Mittel, dem fragenden Menschen dabei zu helfen, seine Probleme anzugehen. Denken Sie daran, dass die Karten nicht aussagen, was geschehen wird – nur, welches ein mögliches Ergebnis sein kann, wenn die Umstände so bleiben wie sie im Moment sind.

Wenn Sie für jemand anderen als sich selbst legen und diese Person eine Karte mit negativer Bedeutung zieht, versuchen Sie mit der fragenden Person sachte herauszuarbeiten, wie diese Karte zur Frage passt.

Seien Sie sehr vorsichtig mit Voraussagen – besonders über Tod und Trennung (beides könnte eintreffen, weil die Person Ihnen glaubt). Seien Sie sich immer der Macht bewusst, die ein Legender – selbst ein Anfänger – besitzt und setzen Sie sie weise ein. Runendeutung deckt oft Unerwartetes auf oder Dinge, die die Fragenden unbewusst verbergen. Wenn Sie Persönliches über einen fragenden Menschen erfahren, behandeln Sie es vertraulich.

LEGUNG MIT EINER RUNE

Die einfachste Legung ist die mit einer einzigen Rune, die eine allgemeine Erkenntnis über die aktuelle Situation gibt. Besonders eignet sich die Legung, wenn die Frage direkt ist (und eine „Ja“ oder „Nein“-Antwort genügt) oder als Leitgedanken für den Tag.

WIE GELEGT WIRD

Mischen Sie die Karten und verteilen sie über dem Tisch. Schließen Sie die Augen und formulieren Sie eine deutliche Frage: „Soll ich nach einer Gehaltserhöhung fragen?“, „Soll ich meine Familie am Wochenende besuchen?“ oder sagen Sie einfach, was Sie möchten: „Ich brauche einen Fokus für heute“. Wählen Sie eine Karte und drehen sie um – nun haben Sie Ihre Runen-Antwort. Ist es eine positive Karte wie Wunjo, super! Ziehen Sie eine mehrdeutige Karte wie Isa oder liegt sie verkehrtherum, verzweifeln Sie nicht. Durch Runen betrachten Sie die Dinge auf andere Weise, die zu einem besseren Ausgang führen kann.

Zu den Karten gehört ein Set der sieben positivsten Runen. Diese sind nicht fürs Wahrsagen bestimmt, sondern als Talismane, die Sie bei sich tragen können. Nehmen Sie an jedem Tag der Woche eine andere Karte oder suchen die aus, die Ihre größten Probleme anspricht.

DEUTUNGSBEISPIEL

„Soll ich auf die Party gehen?“

Der Fragende wurde von einer spannenden neuen Bekannten zu einer Party eingeladen. Das klingt gut, aber er muss am nächsten Tag aus beruflichen Gründen früh aufstehen. Er zieht die Karte Naudiz/Bedürfnisse.

Naudiz bedeutet „Verantwortung“ oder „Bedürfnisse“ und steht für Umsicht und Selbstkontrolle. Impulsive Begierden sollen nicht vor Notwendigkeiten gestellt werden. Auch soll man sich nicht übernehmen.

In diesem Fall ist die Botschaft eindeutig: Der Fragende soll sich beruflich nicht selbst in Bedrängnis bringen wegen einer spaßigen Nacht.

LEGUNG MIT DREI RUNEN

Auch diese Legeart ist geeignet, wenn Sie einen Rat für den vor Ihnen liegenden Tag oder eine bestimmte Sache brauchen oder ein Problem beleuchten möchten. Sie erhalten eine größere Übersicht als mit der Legung mit einer Rune, weil Vergangenheit, Gegenwart und Zukunft berücksichtigt werden.

WIE GELEGT WIRD

Breiten Sie die gemischten Karten mit der Vorderseite nach unten vor sich auf dem Tisch aus. Formulieren Sie Ihre Frage, etwa: „Werde ich befördert?“ oder „Soll ich die WG verlassen und mir eine eigene Wohnung suchen?“ Dann wählen Sie Ihre Karten. Schieben Sie die zweite Karte unter die erste und die dritte ganz nach unten. So können Sie die Karten einfach in der Reihenfolge ablegen, in der Sie sie ausgesucht haben. Legen Sie sie verdeckt von links nach rechts oder von oben nach unten vor sich hin.

Drehen Sie nacheinander die Karten um, beginnen Sie links oder oben. Die erste Karte bezieht sich auf die Vergangenheit und Ursachen für das Problem, die zweite beschreibt die aktuelle Situation und die dritte steht für ein mögliches Ergebnis, wenn Sie so weitermachen wie bisher.

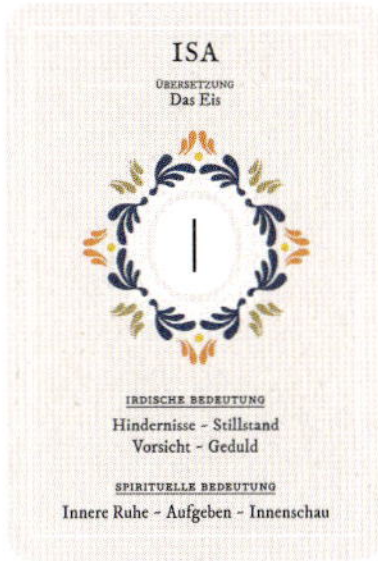

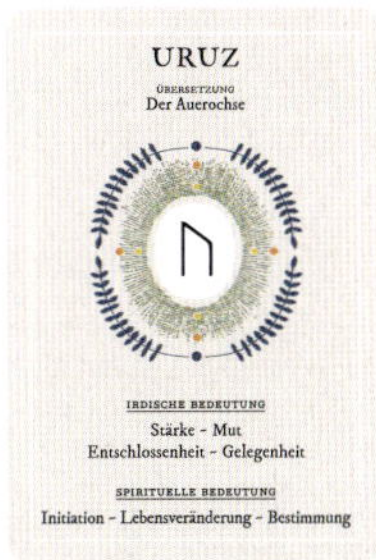

DEUTUNGSBEISPIEL

„Soll ich das Jobangebot annehmen?“

Der fragenden Person wurde ein Job mit mehr Verantwortung angeboten und sie fragt sich, ob sie den Anforderungen gewachsen ist.

Bei dieser Legung repräsentiert Isa, die Rune des Stillstands, die Vergangenheit - die fragende Person hat im Job wenig Fortschritte gemacht. Jera steht für die Gegenwart, die Rune steht für Ernte und Fülle: Das Jobangebot berücksichtigt die Fähigkeiten des Fragenden. Die letzte Karte ist Uruz, die Rune des Auerochsen. Sie bedeutet, dass der neue Job Herausforderungen mit sich bringt, der Fragende aber die Stärke und den Elan besitzt, das zu schaffen.

THORS KREUZ

Dies ist eine Legung mit fünf Runen, die sich für allgemeine Fragen, aber auch für schwerere Probleme eignet. Wie bei der Legung mit drei Runen stehen die Karten für die Vergangenheit, die Gegenwart und den möglichen Ausgang. Die zwei zusätzlichen Karten stehen für Hindernisse, die im Weg stehen, und die positiven Einflüsse, die hilfreich sein können.

WIE GELEGT WIRD

Mischen Sie die Karten und legen sie auf dem Tisch aus. Wählen Sie fünf Karten, zu denen Sie sich hingezogen fühlen. Die Legung erfolgt in dieser Reihenfolge: Sie legen die erste Karte ab, die zweite links daneben, die dritte Karte unterhalb der ersten. Die vierte Karte legen Sie oberhalb der ersten Karte und die fünfte rechts neben die erste.

DIE KARTEN DEUTEN

1 **Die Gegenwart:** Die Karte steht für Ihre augenblickliche Situation, beschreibt das Problem und Ihre Haltung dazu.

2 **Die Vergangenheit:** Die Umstände, die zur aktuellen Situation führten. Was hat die Vergangenheit mit dem Problem zu tun?

3 **Hindernisse:** Diese Aspekte Ihrer Situation sind nicht veränderlich, häufig behindern sie Sie oder sind etwas, womit Sie umzugehen lernen müssen.

4 **Hilfe:** Wohltuende Einflüsse, die Ihnen in Ihrer Situation helfen werden. Sie können der Grund sein, warum Sie auf bestimmte Weise handeln und unterstützen Sie.

5 **Ergebnis**: Die letzte Karte zeigt den bestmöglichen Ausgang, wenn die fragende Person die Hindernisse hinter sich gelassen und die positiven Einflüsse für sich genutzt hat.

DEUTUNGSBEISPIEL

„Wie steht es um meine Beziehung?“

Die Fragende macht sich darüber Gedanken, ob sie und ihr Partner lange zusammen sein werden. Sie sind gerade zusammengezogen, streiten sich aber häufig. Hat sie einen Fehler gemacht?

1 **Berkana verkehrt herum:** Die Karte der Fruchtbarkeit und des Neuanfangs. Ein Zeichen für den Neustart der Fragenden. Dass sie verkehrt herum liegt, deutet auf zu überwindende Hindernisse hin. Aber selbst so ist sie kein böses Zeichen. Das Negative ist nur vorübergehend.

2 **Ehwaz verkehrt herum:** Steht für Bewegung. Verkehrt herum bedeutet sie Ruhelosigkeit, also der Impuls der Fragenden für das Zusammenziehen. Könnte ein Hinweis auf fehlende Umsicht bei der Durchführbarkeit sein.

3 **Thurisaz:** Die Rune bedeutet „Dorn“ und weist auf einen Konflikt hin, der größer als erwartet ist und nicht durch Gewalt überwunden werden kann. Die Fragende muss nach Lösungen suchen, nach einem gemeinschaftlichen Ansatz vielleicht, anstatt nur mit dem Kopf durch die Wand zu wollen.

4 **Gebo:** Das Zeichen für „Geschenk“, erscheint oft in Legungen über Beziehungen und ist sehr positiv. Es steht für starke Verbindungen, ist aber auch ein Hinweis darauf, dass es aufs „Geben und Nehmen“ ankommt.

5 **Wunjo:** Die Rune der Freude. Sie deutet auf einen frohen Ausgang hin, wenn die Fragende die anderen Runen der Legung beachtet. Die Beziehung ist gut, die Zukunft ist vielversprechend.

DAS KELTISCHE KREUZ

Eine Legung mit zehn Karten, die häufig im Tarot benutzt wird und ebenso gut mit Runenkarten funktioniert. Sie ist komplexer als die anderen Methoden und verlangt nach einem tieferen Wissen über Runen. Verwenden Sie sie, wenn Sie eine Antwort auf eine bestimmte Frage möchten oder wenn Sie tiefere Einsicht in die Situation der fragenden Person oder die wirkenden Einflüsse erhalten möchten.

WIE GELEGT WIRD

Mischen Sie die Karten und breiten sie in einer Reihe vor sich (oder der fragenden Person) aus. Mit den Gedanken beim Problem wählen Sie zehn Karten. Damit legen Sie links ein Kreuz, rechts einen Stab. Legen Sie die erste Karte in die Mitte, die zweite über Kreuz darüber (Runensteine legen Sie rechtwinklig übereinander). Legen Sie die dritte Karte unter die erste, die vierte links neben die erste, die fünfte oberhalb der ersten und die sechste rechts neben die erste. Das ergibt ein Kreuz. Die letzten vier Karten legen Sie in einer senkrechten Linie neben das Kreuz in der Reihenfolge, in der sie gezogen wurden (die erste unten).

Wenn Sie alle Karten ausgelegt haben, drehen Sie sie der Reihe nach um.

DIE POSITIONEN DER KARTEN

1 **Die Gegenwart:** Diese Karte zeigt die aktuelle Situation der fragenden Person.

2 **Hindernisse:** Die zweite Karte, die quer auf der Situation liegt, steht für Hindernisse oder Einflüsse. Sie wird als aufrechte Karte gelesen.

3 **Die Wurzel:** Diese Karte unterhalb der Situationskarte steht für vergangene Ereignisse, die Auswirkungen auf die jetzige Situation haben.

4 **Vergangenheit:** Diese Karte liegt hinter der fragenden Person und steht dafür, was zur jetzigen Situation geführt hat.

5 **Die Krone:** Sie steht für das Ziel der fragenden Person oder des bestmöglichen Ausgangs.

6 **Zukünftige Einflüsse:** Die Karte liegt vor der aktuellen Situation und weist auf wichtige Einflüsse hin, die bald ins Spiel kommen könnten.

7 **Innere Einflüsse:** Zeigt die Haltung der fragenden Person zur aktuellen Situation.

8 **Äußere Einflüsse:** Zeigt, was andere über die Situation denken.

9 **Hoffnungen und Ängste:** Steht für die Hoffnungen und Ängste, die mit der Situation zu tun haben. Diese Karte kann unbewusste Gefühle der fragenden Person enthüllen.

10 **Endgültiges Ergebnis:** Das wahrscheinliche Langzeitergebnis unter Einbeziehung aller anderen Karten.

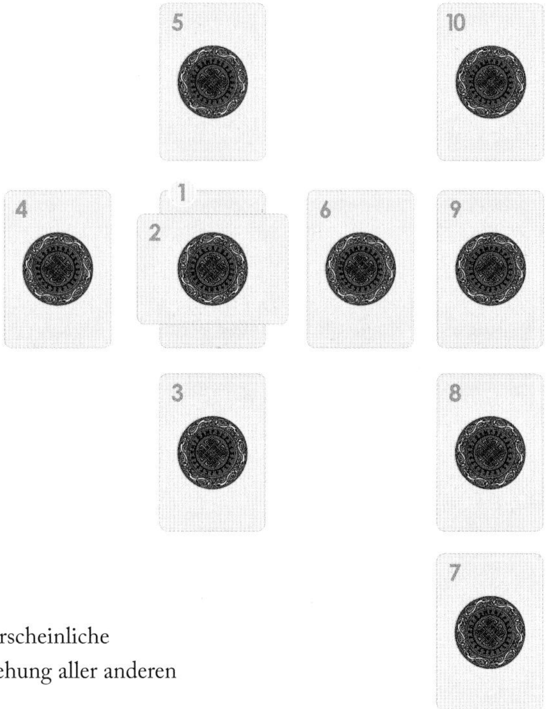

DEUTUNGSBEISPIEL

„Soll ich auswandern?"

Der Fragende denkt schon lange ans Auswandern, familiäre Verpflichtungen hielten ihn bisher zurück. Seine Familie steht sich nah, alle wohnen nah beieinander. Das Verlassen des Familienunternehmens wäre problematisch. Was ist der richtige Weg?

1 **Wunjo verkehrt herum:** In der aktuellen Situation lebt der Fragende nicht seinen Traum. Vielleicht ist das ein Hinweis auf mangelnde Unterstützung von anderen.

2 **Othala:** Das Hindernis ist eindeutig. Familiäre Bindung und Tradition halten den Fragenden fest. Normalerweise ist diese Karte positiv, hier zeigt sie, dass die Gefühle des Fragenden wie eine Bremse für seine Pläne sind.

3 **Teiwaz verkehrt herum:** Teiwaz ist eine Autoritätsperson, sie steht dafür, dem richtigen Pfad zu folgen. Sie spricht Mut zu. Auf dem Kopf ist sie ein Hinweis, dass der Fragende weder Mut noch Stärke beweist. Dies ist die Wurzel der Situation.

4 **Fehu:** In dieser Position könnte dies bedeuten, dass die familiären und materiellen Vorteile der bisherigen Situation ihn in diese Lage gebracht haben. Oder: Es fällt schwer, ein angenehmes Leben aufzugeben.

5 **Raidho:** Dieser neue Einfluss weist darauf hin, dass die Zeit günstig für Reisen und Neuanfang ist. Die Pläne des Fragenden können begünstigt werden.

6 **Ansuz:** In der Position der zukünftigen Einflüsse liegt der Hinweis, sich an die Älteren zu wenden, bevor man die Entscheidung trifft. Sie können über wertvolle Erkenntnisse verfügen, die berücksichtigt werden sollten. Die Rune steht für Weisheit und höhere Wahrheit, also für positiven Einfluss für Neuanfänge und Reisen, die den Geist erweitern.

7 **Dagaz:** Eine sehr günstige Rune - die Rune des Tages - liegt auf der Position für innere Einflüsse. Diese Rune zeigt einen Wechsel zum Positiven hin. Sie deutet an, dass der Fragende optimistisch eingestellt und nun stark genug ist, seinen Weg zu machen und den Neuanfang zu begrüßen.

8 **Kenaz:** Die Rune für Fackel und Weisheit steht für Kommunikation und das Teilen von Ideen. Sie liegt auf dem Platz für äußere Einflüsse, es scheint, der Fragende soll offen und ehrlich mit seiner Familie sprechen. Das Zusammenspiel von Kenaz hier und Ansuz auf Position sechs deutet auf positiv gestimmte Antworten hin.

9 **Algiz auf dem Kopf stehend:** Die Schutzrune ist ein Hinweis, dass der

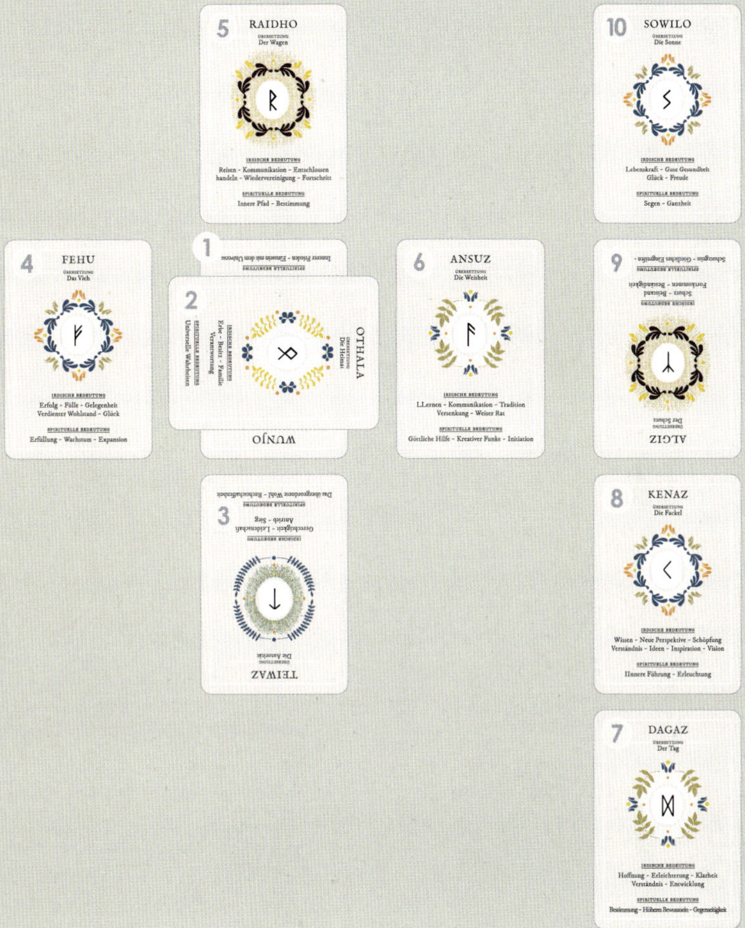

Fragende Angst davor hat, für seine Pläne angegriffen zu werden und dass das, was er will, den Bedürfnissen anderer widerspricht. In Anbetracht der bisherigen Karten könnte er damit falsch liegen.

10 **Sowilo:** Die letzte Karte ist sehr positiv. Die Sonnenkarte ist der Hinweis, dass die Zeit jetzt günstig ist für den Fragenden, zu Abenteuern aufzubrechen. Er besitzt die unerschöpfliche Energie, um das Beste aus den Chancen zu machen, die seinen Weg kreuzen werden.

„Wir wissen nicht immer, was unsere Handlungen auslösen, denn ihnen ist eine eigene Alchemie zu eigen."

Runenmotto, *Pertho*

RUNEN UND IHRE BEDEUTUNG

RUNEN DEUTEN

Runen sind geheimnisvoll. Das liegt zum Teil daran, dass die Forschung über sie Lücken lässt: Wir wissen so vieles nicht und wir werden nie erfahren, was sie den Menschen bedeuteten, die sie ursprünglich benutzten. Man schaue sich nur einmal die schönen und geheimnisvollen Runengedichte an: Viele der uralten Verse lesen sich wie Rätsel. Und so soll es auch sein, denn Runen sollen enigmatisch sein. Und dieses Wort bedeutet nichts anderes als „geheimnisvoll".

Werden Runen beim Wahrsagen eingesetzt, enthüllen sie verwirrende Probleme und provozieren Fragen. Beim Lesen der Runen ist Intuition gefragt. Wer sie legt, bringt eine Sensibilität mit, die durch die eigenen Lebenserfahrungen geformt wurde. Das Deuten der Runen ist eine Unterhaltung im Dreieck zwischen den Legenden, den Fragenden und den Runen selbst.

IHRE EIGENE GESCHICHTE

Betrachten Sie dieses Buch als Start für Ihre ganz persönliche Erforschung der Runen. Auf den folgenden Seiten finden Sie die Definitionen der Runen. Lesen Sie die Worte und versuchen Sie, sie in sich aufzunehmen. Dann richten Sie Ihre Aufmerksamkeit auf die Bilder, die das Konzept der jeweiligen Rune illustrieren. Was sagen Ihnen die Szenen, Pflanzen und Tiere? Welche Assoziationen rufen sie hervor? Wie vertiefen sie Ihr Runen-Wissen?

Die Runenzeichen sind Bilder (auch die, bei denen uns nicht ganz klar ist, was das Bild darstellt). Denken Sie über deren Bedeutung nach – Tag, Hagel, Dorn, Pferd –, aber lassen Sie Ihre Gedanken auch zu tieferen, metaphorischen Bedeutungen wandern. Das Rad weist auf Reisen hin, kann aber auch eine Reise ins Selbst meinen, zur Seele. Wer Runen liest, erzählt Geschichten (unter anderem).

Name der Rune, nächste Übersetzung der Bedeutung

Jede Rune hat Zuordnungen zu einer Gottheit, einem Tier, einem Vogel, einer Pflanze, einem Baum und einer Farbe. Alle Faktoren ergeben die Eigenschaften der Rune. Die Zahl markiert die Position der Rune im älteren Futhark, der Klang entspricht der am nächsten kommenden Aussprache des Buchstabens.

Oben auf der Seite finden Sie das uralte Symbol für die jeweilige Rune.

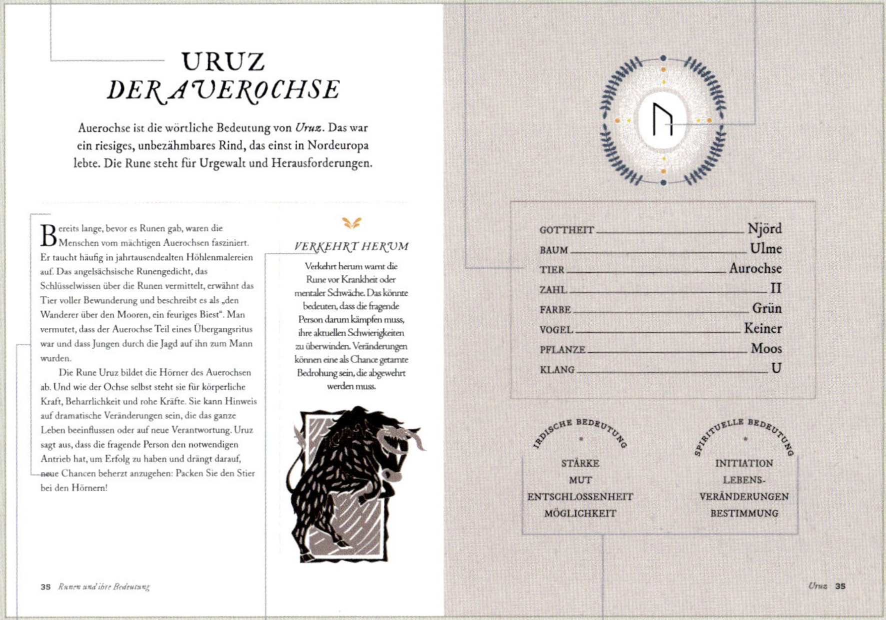

URUZ
DER AUEROCHSE

Auerochse ist die wörtliche Bedeutung von *Uruz*. Das war ein riesiges, unbezähmbares Rind, das einst in Nordeuropa lebte. Die Rune steht für Urgewalt und Herausforderungen.

Bereits lange, bevor es Runen gab, waren die Menschen vom mächtigen Auerochsen fasziniert. Er taucht häufig in jahrtausendealten Höhlenmalereien auf. Das angelsächsische Runengedicht, das Schlüsselwissen über die Runen vermittelt, erwähnt das Tier voller Bewunderung und beschreibt es als „den Wanderer über den Mooren, ein feuriges Biest". Man vermutet, dass der Auerochse Teil eines Übergangsritus war und dass Jungen durch die Jagd auf ihn zum Mann wurden.

Die Rune Uruz bildet die Hörner des Auerochsen ab. Und wie der Ochse selbst steht sie für körperliche Kraft, Beharrlichkeit und rohe Kräfte. Sie kann Hinweis auf dramatische Veränderungen sein, die das ganze Leben beeinflussen oder auf neue Verantwortung. Uruz sagt aus, dass die fragende Person den notwendigen Antrieb hat, um Erfolg zu haben und drängt darauf, neue Chancen beherzt anzugehen: Packen Sie den Stier bei den Hörnern!

VERKEHRT HERUM

Verkehrt herum warnt die Rune vor Krankheit oder mentaler Schwäche. Das könnte bedeuten, dass die fragende Person darum kämpfen muss, ihre aktuellen Schwierigkeiten zu überwinden. Veränderungen können eine als Chance getarnte Bedrohung sein, die abgewehrt werden muss.

GOTTHEIT	Njörd
BAUM	Ulme
TIER	Auerochse
ZAHL	II
FARBE	Grün
VOGEL	Keiner
PFLANZE	Moos
KLANG	U

IRDISCHE BEDEUTUNG

STÄRKE
MUT
ENTSCHLOSSENHEIT
MÖGLICHKEIT

SPIRITUELLE BEDEUTUNG

INITIATION
LEBENS-VERÄNDERUNGEN
BESTIMMUNG

35 *Runen und ihre Bedeutung*

Uruz 35

Der Text hier erzählt die Geschichte der Rune. Außerdem bietet er mögliche Bedeutungen und Interpretationen in einer Legung an.

So wird interpretiert, wenn die Rune verkehrt herum liegt. Nicht immer gibt es dann eine Bedeutung, in diesen Fällen gilt das Motto der Rune. (Die komplette Liste mit Runenmottos steht auf Seite 94.)

Runen sprechen auf vernünftige, praktische Art zu uns, um uns durch den schwierigen Alltag zu lotsen. Sie haben aber auch tiefere, spirituelle Bedeutungen, die ebenfalls in den Legungen zutage treten können.

FEHU
DAS VIEH

Fehu, der erste Buchstabe des Runenalphabet steht für Vieh. Als die Germanen das Land besiedelten, bedeutete Vieh Wohlstand, sodass diese Rune für Reichtum und materiellen Zuwachs steht.

Domestizierte Tiere waren Fleisch- und Kleidungsquellen, aber auch eine Form des Wohlstands, der beweglich war. So wurde das Fehu-Konzept später auf Geld übertragen, die mobilste Form des Besitzes.

Bei der Rune Fehu geht es um materiellen Gewinn. Dieser kommt nicht als Geschenk, sondern ist eine rechtmäßige Belohnung für geleistete Arbeit, so wie die gesunde Herde die Belohnung des Wikingers für seine gute Versorgung der Tiere ist. Fehu sagt, dass Erfolg zu denen kommt, die danach streben und dass ein angestrebtes Ziel in Sichtweite rückt. Hindernisse werden aus dem Weg geräumt, wenn man so weiter macht wie bisher. Fehu ist eine Glücksrune für die, die ein Geschäft eröffnen oder Vorankommen wollen – es ist eine günstige Zeit, die Initiative zu ergreifen. Wenn Fehu von negativen Runen umgeben ist, kann dies eine Warnung sein, Ihre Ressourcen zusammenzuhalten und Ihren Besitz zu schützen.

VERKEHRT HERUM

Liegt sie verkehrt herum, bedeutet das Verlust – von Geld oder Status – und mahnt zur Vorsicht. Sind die umliegenden Runen freundlich, ist Fehu ein Hinweis auf einen vorübergehenden Rückschlag. Sind sie negativ, sollten Sie Ihre Pläne umstellen.

GOTTHEIT	Frey
BAUM	Holunder
TIER	Katze
ZAHL	I
FARBE	Braun
VOGEL	Schwalbe
PFLANZE	Nessel
KLANG	F

IRDISCHE BEDEUTUNG

ERFOLG
FÜLLE
GELEGENHEIT
VERDIENTER
WOHLSTAND
GLÜCK

SPIRITUELLE BEDEUTUNG

ERFÜLLUNG
WACHSTUM
EXPANSION

URUZ
DER AUEROCHSE

Auerochse ist die wörtliche Bedeutung von *Uruz*. So hieß ein riesiges, unbezähmbares Rind, das einst in Nordeuropa lebte. Die Rune steht für Urgewalt und Herausforderungen.

Bereits lange, bevor es Runen gab, waren die Menschen vom mächtigen Auerochsen fasziniert. Er taucht häufig in jahrtausendealten Höhlenmalereien auf. Das angelsächsische Runengedicht, das Schlüsselwissen über die Runen vermittelt, erwähnt das Tier voller Bewunderung und beschreibt es als „den Wanderer über den Mooren, ein feuriges Biest". Man vermutet, dass der Auerochse Teil eines Übergangsritus war und dass Jungen durch die Jagd auf ihn zum Mann wurden.

Die Rune Uruz bildet die Hörner des Auerochsen ab. Und wie der Ochse selbst steht sie für körperliche Kraft, Beharrlichkeit und rohe Kräfte. Sie kann Hinweis auf dramatische Veränderungen sein, die das ganze Leben beeinflussen oder auf neue Verantwortung. Uruz sagt aus, dass die fragende Person den notwendigen Antrieb hat, um Erfolg zu haben und drängt darauf, neue Möglichkeiten freudig anzunehmen: Packen Sie den Stier bei den Hörnern!

VERKEHRT HERUM

Verkehrt herum warnt die Rune vor Krankheit oder mentaler Schwäche. Das könnte bedeuten, dass die fragende Person darum kämpfen muss, ihre aktuellen Schwierigkeiten zu überwinden. Veränderungen können eine als Chance getarnte Bedrohung sein, die abgewehrt werden muss.

GOTTHEIT	Njörd
BAUM	Ulme
TIER	Aurochse
ZAHL	II
FARBE	Grün
VOGEL	Keiner
PFLANZE	Moos
KLANG	U

IRDISCHE BEDEUTUNG

STÄRKE
MUT
ENTSCHLOSSENHEIT
GELEGENHEIT

SPIRITUELLE BEDEUTUNG

INITIATION
LEBENSWECHSEL
BESTIMMUNG

THURISAZ
DER DORN

Thurisaz ist eine Schutzrune, die vor negativen Einflüssen warnt, aber auch angibt, wie diese bekämpft werden. Der Name bedeutet „Riese“, was aus den nordischen Sprachen stammt. Die Angelsachsen nannten sie „Dorn“.

Das Symbol sieht aus wie ein Dorn an einem Stängel, ähnlich einer Rose, einige Experten jedoch interpretieren das Bild als Hammer – genauer gesagt, als magischen Hammer des übermächtigen Gottes Thor, dessen Name bereits in dieser Rune stecken könnte. Legenden und Mythen erzählen von Dornen und Riesen als Hürden auf einem gewählten Pfad (etwa *Hans und die Bohnenranke* oder die Dornenhecke um das Schloss von Dornröschen).

Thurisaz warnt Sie vor einer Gefahr. Das mag ein Hinweis sein, dass Sie Ihre Fähigkeiten überschätzt haben, die Hürden, die zwischen Ihnen und Ihrem Ziel liegen, zu überwinden. Ihr Feind ist stärker als Sie, beginnen Sie jetzt keine Schlacht. Verhandeln ist besser als kämpfen. Vielleicht denken Sie darüber nach, ein Problem zu umwandern, anstatt Ihren Weg durch die Dornen mit Gewalt zu verfolgen. Seien Sie geduldig, dann bringen solche Rückschläge Erkenntnisse, die Sie wachsen lassen.

VERKEHRT HERUM

Auf dem Kopf stehend bleibt die Bedeutung gleich, nur dass vielleicht die fragende Person zu dickköpfig ist, auf die Warnung zu hören und ihren Schutz ablehnt. Auch könnte es sein, dass eine Glücksphase endet.

ᚦ

GOTTHEIT	Thor
BAUM	Schlehdorn
TIER	Schlange
ZAHL	III
FARBE	Leuchtendes Rot
VOGEL	Albatros
PFLANZE	Distel
KLANG	Th

IRDISCHE BEDEUTUNG

SCHUTZ
HÜRDEN
STOLZ
SELBSTBETRUG

SPIRITUELLE BEDEUTUNG

ZERSTÖRUNG
UND WIEDERGEBURT
INNERE WAHRHEIT
FALSCHES EGO

ANSUZ
DIE WEISHEIT

Ansuz ist die vermutlich vielschichtigste Rune von allen. Das Wort bedeutet „Gott" und das Symbol steht möglicherweise für den Stab von Odin. Ansuz könnte auch „Mund" als Quelle der Sprache repräsentieren.

Was beide Bedeutungen von Ansuz verbindet, ist der Gedanke an die göttliche Weisheit. „Der Mund ist die Quelle aller Sprachen", heißt es in einem Runengedicht, „ein Pfeiler der Weisheit und Trost der Weisen." Dieser Pfeiler könnte ebenso ein Baumstamm sein, denn das altnordische Wort für die Rune, Ass, ist die Wurzel der Bezeichnung für die heilige Esche.

Ansuz ist eine wunderschöne Rune, sie steht für eine gesegnete Zeit und den Schutz durch höhere Mächte. Sie sind bereit, Weisheit zu empfangen, vielleicht aus göttlicher Quelle. Die korrespondierende Pflanze ist der halluzinogene Fliegenpilz, den Schamanen auf der Suche nach spiritueller Wahrheit verwenden. Es ist nun günstig, neue Wege im Bereich des Lernens, im Studium oder in der Ausbildung einzuschlagen oder dem kreativen Selbst Raum zu geben. Auch sollte man den geistigen Horizont erweitern und durch Reisen die Perspektive erweitern. Wenn Sie vor einer Entscheidung stehen, schlägt Ansuz vor, Rat bei einer älteren, weiseren Person zu suchen.

VERKEHRT HERUM

Wenn Ansuz verkehrt herum liegt, seien Sie vorsichtig bei Ratschlägen, besonders von einem älteren Menschen. Es könnte Verrat dahinterstecken oder Einrede oder zumindest ein Missverständnis.

GOTTHEIT	Odin
BAUM	Esche
TIER	Wolf
ZAHL	IV
FARBE	Dunkelblau
VOGEL	Rabe
PFLANZE	Fliegenpilz
KLANG	A

IRDISCHE BEDEUTUNG

LERNEN
KOMMUNIKATION
TRADITION
VERSENKUNG
WEISER RAT

SPIRITUELLE BEDEUTUNG

GÖTTLICHE
HILFE
KREATIVER FUNKEN
INITIATION

RAIDHO
DER WAGEN

Raidho **bedeutet „Wagen" oder „Kutsche", der Name ist mit dem englischen „ride" und dem deutschen „Rad" verbunden. So bezieht sich die Rune gewöhnlich auf den Pfad, den eine Person verfolgt.**

Ungewöhnlicherweise scheint es in dem Raidho-Symbol, das dem großen R des lateinischen Alphabets entnommen worden zu sein scheint, kein Piktogramm zu geben. In Runengedichten wird die tatsächliche Bedeutung häufig erweitert, sodass Raidho zu einer Reise wird und für eine günstige Zeit für jede Form von Reisen steht.

Reisen gibt es in unterschiedlichen Formen. So kann Raidho ebenso gut bedeuten, dass jemand bereit ist, neue spirituelle Pfade zu betreten. Die Rune wird mit der Ziege assoziiert, die sich stetig ihren steilen Weg über Stein und Geröll den Berg bahnt, den Adler über sich, der mühelos durch den Himmel schwebt. Auf welchem Weg auch immer – mit Leichtigkeit oder mit Mühen –, man kommt voran. Diese Rune bedeutet Bewegung im weiteren Sinn. Wenn Sie sich bisher gedrückt haben, gibt Raidho Ihnen den Anstoß für den nächsten Schritt. Kommunikation steht unter einem guten Stern, günstig für gute Nachrichten und erfolgreiche Verhandlungen. Auch können Verbindungen und Wiedersehen bevorstehen.

VERKEHRT HERUM

So bedeutet Raidho Stillstand, Bewegungslosigkeit und schlechte Kommunikation. Ärger steht bevor und eine Reise könnte unter schlechtem Stern stehen, sich verzögern oder Sie von wichtigen Dingen zu Hause ablenken.

ᚱ

GOTTHEIT	Thor
BAUM	Eiche
TIER	Ziege
ZAHL	V
FARBE	Leuchtendes Rot
VOGEL	Adler
PFLANZE	Arnika
KLANG	R

IRDISCHE BEDEUTUNG

REISE
KOMMUNIKATION
ENTSCHLOSSEN
HANDELN
WIEDER-
VEREINIGUNG
FORTSCHRITT

SPIRITUELLE BEDEUTUNG

INNERER PFAD
BESTIMMUNG

KENAZ
DIE FACKEL

Die wörtliche Übersetzung von *Kenaz* ist „Fackel“. Die Form der Rune symbolisiert einen Lichtstrahl und wird mit Wissen, Verständnis und Klarheit assoziiert. Kenaz bringt Licht in Situationen.

Die Verbindung von Fackel und Wissen ist etymologisch und metaphorisch zugleich. Die Wurzel Ken ist sehr alt und geht auf indo-europäische Sprachen zurück. Das „kn“ im englischen „know“ hat denselben Ursprung. Das Wort „Ken“ (wissen, wie etwas gemacht wird) ist mit dem deutschen „kennen“ (mit jemandem bekannt sein, im Gegensatz zu mit einer Tatsache vertraut sein) verwandt.

Kenaz ist eine mächtige Rune. Sie kann für eine plötzliche Einsicht stehen – eine „Erleuchtung“ -, die uns unsere Situation mit Klarheit erkennen lässt. Die fragende Person sollte innovative Ideen und neue Herangehensweisen annehmen. Wenn Sie sich nicht sicher sind, wohin Sie wollen, kann Kenaz Ihnen den Weg erleuchten. Zum Wissen gehört das Teilen von Ideen und das Lernen aus dem Vorangegangenen. Es ist kein Zufall, dass Kenaz mit der Eule assoziiert wird, die sieht, was andere nicht sehen können, und mit Weisheit.

Eine Fackel verbreitet Wärme und Licht. Und so symbolisiert Kenaz das Feuer der Kreativität. Die Zeit ist nun günstig für künstlerische Tätigkeiten oder für Kreation der anderen Art: der Geburt eines Kindes.

VERKEHRT HERUM

Wissen wird bisweilen von Arroganz begleitet. Denken Sie nie, dass es für Sie nichts mehr zu lernen gibt. Sonst vertun Sie Chancen, weil Sie sich Ideen und Input von anderen verschließen.

GOTTHEIT	Freya
BAUM	Pinie
TIER	Keins
ZAHL	VI
FARBE	Gelb
VOGEL	Eule
PFLANZE	Königskerze
KLANG	K

IRDISCHE BEDEUTUNG

WISSEN
NEUE PERSPEKTIVE
SCHÖPFUNG
VERSTÄNDNIS
IDEEN
INSPIRATION
VISION

SPIRITUELLE BEDEUTUNG

ERLEUCHTUNG
INNERE FÜHRUNG

GEBO
DAS GESCHENK

Die siebte Rune bedeutet „Geschenk" oder im weiteren Sinn eine großzügige Handlung. Die Kreuzform der Rune weist darauf hin, dass Großzügigkeit auf Gegenseitigkeit beruht, auf Geben und Nehmen.

Dies ist eine Glücksrune, die der fragenden Person einen materiellen Segen verheißt oder eine Chance oder auch eine neue, wertvolle Erkenntnis. Ein angelsächsisches Runengedicht sagt allerdings: „Geben ist vornehm und ehrenhaft." Das Nehmen ist also so wichtig wie das Geben. Gebo dient als Erinnerung, dass Geschenke mit der Verpflichtung kommen, den Gefallen zu erwidern.

Gebo ist eine Rune der Toleranz und Bedachtsamkeit (Gebos Blume, das Stiefmütterchen, hat seinen Namen vom französischen Wort pensée – „Gedanke"). So, wie wir großmütig einen Gefallen erwidern, so sollten wir das Leben angehen und die Ansichten anderer Menschen akzeptieren, wie wir es uns auch von ihnen wünschen. Auf diese Weise bleiben unsere Beziehungen harmonisch, selbst bei verschiedenen Meinungen.

Dieser Austausch bedeutet, dass Gebo auch einen Pakt oder einen Bund bedeuten kann. Das umfasst emotionale Beziehungen wie eine Ehe genauso wie neue und produktive Geschäftsverbindungen. Wo andere Runen Verstimmung oder Konflikt anzeigen, versichert Gebo, dass die Grundlage der Beziehung grundsätzlich vorteilhaft ist und Konflikte gelöst werden können. Auf dem Kopf stehend bleibt die Bedeutung gleich.

Der weise Beschenkte gibt zurück und teilt das Glück, das ihm zuteilgeworden ist.

GOTTHEIT	Frigg
BAUM	Esche
TIER	Stier
ZAHL	VII
FARBE	Blau
VOGEL	Keiner
PFLANZE	Stiefmütterchen
KLANG	G

IRDISCHE BEDEUTUNG

ERFOLG
VEREINIGUNG
FREUDE
VERPFLICHTUNG

SPIRITUELLE BEDEUTUNG

KARMA
INNERE BALANCE

WUNJO
DIE FREUDE

Dies ist die Rune von Glück und Freude – so die Bedeutung des Namens. Das Symbol repräsentiert vermutlich eine Stammesflagge, die fröhlich im Wind weht, und steht für Sieg oder Feier.

Unsere Vorfahren führten ein hartes Leben, sie wurden von Krankheit, Hunger und Angriffen bedroht. Das angelsächsische Runengedicht definiert wynn (die altenglische Form von wunjo) als Abwesenheit von Schmerz und Anstrengung und als Erleichterung darüber, dass zum ersten Mal alles gut ist. Das Wort wynn drückt seinen Sinn am besten aus als „Freude oder Glück übertragen".

Wunjo ist immer vorteilhaft, aber beachten Sie die umliegenden Runen bei der Deutung. Beziehen die sich auf Herzensangelegenheiten, steht Wunjo für Erfüllung in der Beziehung. Geht es um die Arbeit, dürfen Sie Beförderung oder Vollendung erwarten. Wunjo führt einen Sinn für Harmonie und Einigkeit mit anderen mit sich: Früher verließen sich Menschen auf die Gruppe, um zu überleben. So kann Wunjo sich in positiver Familiendynamik zeigen, starken Freundschaften, in Teamwork oder schöner Zweisamkeit. Die Flagge ändert im Wind immer wieder die Richtung, in die sie weht und Wunjo kann für einen Richtungswechsel stehen. Es könnte wichtig sein, zu wissen, „woher der Wind weht".

VERKEHRT HERUM

Wunjo so herum zeigt schwindenden Erfolg an. Ursache kann mangelndes Engagement anderer an einem gemeinsamen Projekt sein.

GOTTHEIT	Frey
BAUM	Esche
TIER	Keins
ZAHL	VIII
FARBE	Gold
VOGEL	Keiner
PFLANZE	Flachs
KLANG	W

IRDISCHE BEDEUTUNG

FREUDE
FEIER
HARMONIE
FAMILIE
VERBUNDENHEIT
HOFFNUNG UND GLÜCK

SPIRITUELLE BEDEUTUNG

INNERER FRIEDEN
EINSSEIN MIT DEM UNIVERSUM

HAGALAZ
DER HAGEL

Das Hagalaz-Symbol sieht wie Hagel aus, der von einem starken Sturm schräg nach unten getrieben wird. Dass die Rune bisweilen mit Doppellinien gezeichnet wird, unterstreicht diesen Eindruck noch.

Die germanischen Völker waren an das raue Wetter Nordeuropas gewöhnt, Hagel allerdings scheinen sie mit Misstrauen begegnet zu sein: Er konnte ihre kostbare Ernte zerstören. Dennoch beschreiben alle Runengedichte den Hagel metaphorisch als „weißes Korn" in Anerkennung dessen, dass Hagel trotz seines eisigen Charakters aus lebensspendendem Wasser besteht.

Hagelstürme sind für gewöhnlich intensiv, aber kurz, so steht diese Rune für eine zerstörerische Kraft, die zu einem vorübergehenden Rückschlag führt, auf etwas Lebensveränderndes, das wir nicht kontrollieren können (Krankheit, Verletzung oder Not), aber mit Stärke begegnen müssen.

Hagalaz darf nicht als völlig negative Rune angesehen werden. Manchmal kann eine Hürde ein versteckter Segen sein, ein erzwungener Stopp, der im Nachhinein ein nützlicher Wendepunkt war. Das Wetter können wir nicht beherrschen. Wir schützen uns so gut wie möglich davor und sollten uns in Geduld und Gleichmut üben, bis der Sturm vorüber ist. So sicher, wie Hagel zu Wasser wird, hilft uns Hagalaz am Ende, unsere innere Stärke zu finden, damit eine Sache ein besseres Ende nimmt, als wir uns vorgestellt haben. Verkehrt herum hat diese Rune keine andere Bedeutung.

Hagel, der einst fiel, wird zu Wasser. Auch die härtesten Zeiten führen zu etwas Gutem.

GOTTHEIT	Ymir
BAUM	Eibe
TIER	Keins
ZAHL	IX
FARBE	Eisblau
VOGEL	Gans
PFLANZE	Bryonie
KLANG	H

IRDISCHE BEDEUTUNG

ZERSTÖRUNG
SCHADEN
NOTLAGE
ZUSAMMENBRUCH
RÜCKSCHLAG

SPIRITUELLE BEDEUTUNG

INNERE KRISE
ZWEIFEL
TRANSFORMATION

NAUDIZ
DIE BEDÜRFNISSE

Diese Rune steht für Elend und Notwendigkeit und alles, was mit diesen materiellen Schwierigkeiten in Zusammenhang steht: Unglück, Sehnsucht, Verlangen und Begierde.

Naudiz steht für die Notwendigkeiten im Leben und ist ein Hinweis für die fragende Person, sein Verlangen und seine Begierden außen vor zu lassen und zu überlegen, was wirklich wichtig im Leben ist, so wie das fleißige Eichhörnchen sich einen Vorrat für den Winter beschafft. Das Symbol erinnert schwach an das christliche Kreuz und könnte ein stilisiertes Bild des Gottes Odin während seiner neun Tage währenden Tortur am Weltenbaum sein, bevor er das Geheimnis der Runen erfuhr. Entsprechend sagt Naudiz, dass wir Leiden überstehen und hinterher weiser als zuvor sind. Einige Opfer – wie Odins – sind es wert, gemacht zu werden.

Anders interpretiert zeigt das Symbol zwei Zweige, mit denen Funken geschlagen werden, um ein Feuer zu entzünden. Feuerhölzer gehören zu den ersten Werkzeugen der Menschen. Sie stehen dafür, dass Erfindungen aus der Notwendigkeit heraus geboren werden. Allgemeiner gesagt, rät Naudiz dazu, der Gesundheit mehr Beachtung zu schenken. Ihre Widerstandsfähigkeit ist vielleicht gerade geschwächt, ein weiterer Grund, sich auf das Wesentliche zu konzentrieren. Durch diese Beschränkung ist Naudiz eine negative Rune, was Beziehungen angeht, und steht für Rückzug und Distanz.

VERKEHRT HERUM

So warnt Naudiz die fragende Person davor, für ein unnützes Verlangen zu viel einzusetzen. Vielleicht wird sie Erfolg haben, dazu müssen die umgebenden Runen einbezogen werden – auf jeden Fall wird der Preis, der zu zahlen ist, hoch sein.

GOTTHEIT	Nornen
BAUM	Buche
TIER	Eichhörnchen
ZAHL	X
FARBE	Schwarz
VOGEL	Keiner
PFLANZE	Knöterich
KLANG	N

IRDISCHE BEDEUTUNG

BEDÜRFNISSE
SELBSTBEHERRSCHUNG
ENTTÄUSCHUNG
FALLENLASSEN
VON GIER
GEDULD
VEREINFACHUNG

SPIRITUELLE BEDEUTUNG

ASKESE
TRANSZENDENZ
SEELE

ISA
DAS EIS

Das Runensymbol für Isa sieht wie ein Eiszapfen aus. Das rätselhafte isländische Runengedicht nennt Eis „die Rinde des Flusses, das Dach des Wassers" – eine wunderbare Beschreibung, wie Flüsse im Winter zufrieren.

Isa führt die einfachste Botschaft aller Runen: Ruhe. Wie der Fluss werden Sie durch äußere Kräfte zum Stillstand gebracht, frieren ein, und es bleibt nichts anderes übrig, als sich dem zu ergeben. Diese dadurch entstehende Pause ist nicht unbedingt willkommen und kann für eine Phase des Stillstands stehen, dennoch ist Isa nicht negativ. Das Abwarten kann zur Reflektion genutzt werden, um Prioritäten und Marschrichtungen zu überdenken, anstatt unbesonnen voranzustürmen.

Wie der Winter mit einsetzendem Tauwetter dem Frühling mit seinem Versprechen auf neues Leben und Wiedergeburt weicht, so steht Isa für die notwendige Winterruhe, in der wir unsere Energie für eine Zeit der Erneuerung sammeln. Zwar zwingt uns das Eis zu einem scheinbaren Stillstand, dennoch fließt das Wasser unter der Oberfläche weiter. Wenn das Tauwetter kommt, sind wir bereit, sofern wir die Zeit weise genutzt haben, um mit neuer Kraft und größerer Sinnhaftigkeit voranzugehen. Verkehrt herum bleibt die Bedeutung gleich.

In Zeiten des Stillstands findet häufig unsere größte Entwicklung statt.

GOTTHEIT	Verdandi
BAUM	Erle
TIER	Rentier
ZAHL	XI
FARBE	Schwarz
VOGEL	Schnee-Eule
PFLANZE	Bilsenkraut
KLANG	I

IRDISCHE BEDEUTUNG

HINDERNISSE
STILLSTAND
VORSICHT
GEDULD

SPIRITUELLE BEDEUTUNG

INNERE RUHE
AUFGEBEN
INNENSCHAU

JERA
DIE ERNTE

Das Wort *jera* bedeute „Jahr", aber auch „Ernte". Diese Rune steht für das Einbringen der Belohnung nach langer und geduldiger Arbeit.

Jera ist die einzige Rune im Alphabet, die aus zwei Teilen besteht, die für den ewigen Übergang von Sommer zu Winter und zurück stehen könnte. Das Runengedicht betont den warmen und ertragreichen Abschnitt dieses Kreislaufs: „Sommer bedeutet Freude für die Menschen", sagt das angelsächsische Runengedicht, „die Erde bietet ihre Früchte den Reichen und den Armen an."

Die Rune symbolisiert den natürlichen Weg zum Ertrag durch vorherige Mühen, so wie die jährliche Ernte eine natürliche Konsequenz von Säen und Pflege ist. Dies ist eine freudvolle Rune, die eine Zeit der Fülle und Belohnung anzeigt. Aber Konsequenzen folgen auf falsche sowie auf richtige Bemühungen, sodass diese Rune den Arm des Gesetzes und Strafe repräsentieren kann. Weiter ausgelegt wird sie als Symbol für Gerichtsurteile gedeutet – im Guten wie im Bösen – und für bindende Abkommen wie Verträge.

In Jera liegt die Erkenntnis des Lebens in Bewegung, die fragende Person sollte sich nicht auf ihren Lorbeeren ausruhen. Jera steht für eine Zeit des Feierns, aber auch für die Zukunft, denn die Saat für die nächste Ernte muss ausgebracht werden. Der Kreis dreht sich weiter. Es gibt verkehrt herum keine andere Bedeutung für Jera.

Genießt die Tage der Fülle, weil die Zukunft mit Sicherheit auch magere Zeiten bereithält.

GOTTHEIT	Frey
BAUM	Eiche
TIER	Keins
ZAHL	XII
FARBE	Hellblau
VOGEL	Keiner
PFLANZE	Rosmarin
KLANG	Y

IRDISCHE BEDEUTUNG

BELOHNUNG
ERTRAG
REIFE
WACHSTUM

SPIRITUELLE BEDEUTUNG

RICHTIG
HANDELN
NATURGESETZ

IHWA
DIE EIBE

Die Eibe war für die germanischen Völker lebenswichtig, weil ihr Holz so vielseitig war. Auch kam ihr eine tiefe symbolische Bedeutung zu – zum Teil auch, weil sie als immergrüner Baum ihre Blätter auch im kalten nordischen Winter behielt.

Die Eibe ist äußerst langlebig, sie ist ein Symbol für das Überleben und die Wiedergeburt. Die Kelten wussten: Der mittelalterliche irische Text, der als *Book of Lismore* bekannt ist, sagt, dass die Welt so alt ist wie drei Eiben. Auf pragmatischer Seite ist Eibe flexibel und stark und eignet sich deswegen hervorragend zum Bau von Bögen. Gleichzeitig sind alle Teile der Eibe giftig – Pfeile, die in ihr Gift getaucht werden, sind auf jeden Fall tödlich.

Erscheint Ihwa in einer Legung, rät die Rune der fragenden Person dazu, beständig und klar zu bleiben: Sein oder ihr Ziel muss wahrhaftig sein, damit der Pfeil ins Schwarze treffen kann. Darüber hinaus sagt Ihwa, dass das Ziel im Blick behalten werden muss, selbst wenn man angegriffen wird. Es könnte bedeuten, dass die fragende Person von schlechten Einflüssen umgeben ist – aber am Ende siegen wird. Die doppelte Bedeutung von Schutz und Gefahr führt dazu, dass Ihwa manchmal als Todesrune interpretiert wird, aber dahinter steckt mehr: Denn der notwendige Tod eines Teils des Selbst schafft Platz für etwas Neues und erleichtert so die Transformation. Es gibt keine andere Bedeutung, wenn die Rune auf dem Kopf steht.

Der Zweig der Eibe weiß, wann er sich biegen und wann er starr bleiben muss.

ᛇ

GOTTHEIT	Odin
BAUM	Eibe
TIER	Igel
ZAHL	XIII
FARBE	Grün
VOGEL	Reiher
PFLANZE	Alraune
KLANG	E/I

IRDISCHE BEDEUTUNG

PROBLEME LÖSEN
STÄRKE, WENN ANGEGRIFFEN
SCHUTZ
RUHE

SPIRITUELLE BEDEUTUNG

WIEDERGEBURT
TRANSZENDENZ

PERTHO
DAS GEHEIMNIS

Pertho ist der rätselhafteste Buchstabe des Runenalphabets. Niemand weiß, was das Wort bezeichnet und so wird der Rune die Bedeutung zugeschrieben, dass sie für etwas Geheimes steht, das bald aufgedeckt wird.

Das angelsächsische Runengedicht gibt uns für die Definition der Rune ein Rätsel auf: „Peorth [Pertho] bereitet großen Männern Freude und Gelächter, wenn Krieger miteinander gemütlich beim Festessen sitzen.“ Diese seltsame Passage hat zu der Annahme geführt, dass Peorth eine warme Feuerstelle ist oder dass dem Wort eine sexuelle oder feminine Bedeutung zukommt. Die Expertenmeinungen reichen von Pertho ist ein Birnbaum, ein Mutterschoß, ein Pokal, bis zu ein auf der Seite liegender Kessel, bereit, seinen Inhalt auszuspucken. Es ist eine vieldeutige Rune, aber wir wissen, dass sein Geheimnis ein angenehmes ist.

Pertho kann ein Hinweis auf ein ungelöstes Problem sein, eins, das bald ans Tageslicht kommt. Die Rune kann für eine Schwangerschaft stehen oder für ein anderes positives und unerwartetes Ereignis – eine Erbschaft, eine romantische Beziehung, Glück im Spiel oder eine wahrgewordene Vorhersage. Die Neuigkeit steht in Zusammenhang mit dem Verhalten der fragenden Person, so wie ein magischer Trank aus verschiedenen Zutaten zusammengerührt wird.

VERKEHRT HERUM

So herum rät Pertho der fragenden Person dazu, sich zu stählen: eine peinliche oder unangenehme Enthüllung steht bevor. Sie sollten sich von jeder Art des Glücksspiels fernhalten, da es höchstwahrscheinlich kein gutes Ende nehmen würde.

GOTTHEIT	Frigg
BAUM	Ulme
TIER	Keins
ZAHL	XIV
FARBE	Schwarz
VOGEL	Reiher
PFLANZE	Tollkirsche
KLANG	P

IRDISCHE BEDEUTUNG

CHANCE
GLÜCKSSPIEL
GEHEIMNISSE
GELDSEGEN
SYNCHRONIZITÄT
GEBURT

SPIRITUELLE BEDEUTUNG

SCHICKSAL
DAS FEMININE
UNSICHERHEIT

ALGIZ
DER SCHUTZ

Die Bedeutung des Worts *algiz* ist unbekannt und wird viel diskutiert, die Bedeutung der Rune ist da schon leichter zu verstehen: Sie steht für Schutz. Krieger trugen Amulette mit dieser Rune, wenn sie in die Schlacht zogen.

Viele Experten sind der Meinung, dass Algiz „Elch" bedeutet. Das Symbol stellt die Schaufeln dar, mit denen der Elch in Kämpfen seinen Gegner besiegt. Das angelsächsische Runengedicht vermutet darin eine Grassorte – Elchsegge –, die so scharfkantig ist, dass sie denen, die an ihr vorbeigehen, die Beine zerschneidet. Auch könnte das Bild einen Mann mit weit geöffneten Armen zeigen, der die Götter um Beistand anruft. Oder es ist das alte Handzeichen der drei gespreizten Finger, einer Geste, die böse Mächte bannen soll.

Wird Algiz gelegt, bedeutet das, dass Hilfe vonnöten und unterwegs ist. Algiz fordert von der fragenden Person Mut angesichts einer Bedrohung – denn das Schicksal ist mit den Mutigen. Algiz ist ein Hinweis, dass ein risikoreicher Vorschlag aussichtsreich ist oder dass ein Spiel gute Aussichten auf Erfolg hat. Seien Sie dennoch nicht leichtsinnig, denn Algiz erinnert daran, immer auf Gefahren zu achten, damit wir schnell und entschlossen handeln können.

VERKEHRT HERUM

Liegt Algiz verkehrt herum, kann das auf eine Verletzbarkeit bei Angriffen verweisen. Seien Sie wachsam, denn es lauert Verrat. Auch eine persönliche Beziehung könnte infrage gestellt werden. Die andere Person hat Interessen, die Ihren entgegenstehen.

GOTTHEIT	Heimdall
BAUM	Eibe
TIER	Elch
ZAHL	XV
FARBE	Gold
VOGEL	Taube
PFLANZE	Eberesche
KLANG	Z

IRDISCHE BEDEUTUNG

SCHUTZ
BEISTAND
FORTKOMMEN
BESTÄNDIGKEIT

SPIRITUELLE BEDEUTUNG

SCHUTZGEIST
GÖTTLICHES
EINGREIFEN
MYSTIZISMUS

SOWILO
DIE SONNE

Die Sonne ist in allen frühen Religionen das höchste Anbetungsobjekt und blieb auch in den Mythologien der klassischen Zivilisationen eins der Hauptmotive. So ist die 16. Rune ein kraftvoller und wohltuender Einfluss.

Sowilo drückt aus, dass die fragende Person in der Sonne badet. Viele alte Traditionen sehen die Sonne als höchste Gottheit, die die aktive, maskuline Energie repräsentiert. Auch in der nordischen Kultur steht sie für Stärke und Macht. Das isländische Gedicht benennt die Sonne in kriegsähnlichen und heidnischen Worten als „den Schild zwischen den Wolken, die blendenden Strahlen, den Zerstörer des Eises."

Sowilo ist eine vielversprechende Rune, ein Hinweis, dass die fragende Person über die Mittel zum Sieg verfügt. Das Schicksal ist wohlgesonnen, es ist eine Zeit der positiven Energie. Sowilo wird im norwegischen Runengedicht als „Licht der Welt" beschrieben und als „ewige Freude" im angelsächsischen. So besagt die Rune, dass die fragende Person bereit ist, den Weg zu erleuchten und die Fackel zu tragen. Sowilo ist eine positive Rune für die Gesundheit und steht für Lebenskraft und Stärke.

Es gibt keine andere Bedeutung für Sowilo, wenn die Rune auf dem Kopf steht, aber die umliegenden Runen sollten beachtet werden. Wenn diese negativ sind, kann das bedeuten, dass der oder die Fragende arrogant geworden ist. Die fragende Person soll sich nicht in den Mittelpunkt drängen, das könnte zu Ressentiments führen.

Die Sonne ist ein Segen für alle Menschen, ob sie es verdienen oder nicht.

ᛊ

GOTTHEIT	Baldur
BAUM	Wacholder
TIER	Löwe
ZAHL	XVI
FARBE	Gelb
VOGEL	Adler
PFLANZE	Mistel
KLANG	S

IRDISCHE BEDEUTUNG

LEBENSKRAFT
GUTE GESUNDHEIT
GLÜCK
FREUDE

SPIRITUELLE BEDEUTUNG

SEGEN
GANZHEIT

TEIWAZ
DIE AUTORITÄT

Teiwaz – oder Tyr – ist der Name des Ur-Schöpfers in der nordischen Mythologie. Im Verlauf der Zeit wurde er von Odin und Thor verdrängt und bekam im Götterhimmel die Rolle des geringeren Gottes des Krieges und der Gerechtigkeit.

Wir zollen Teiwaz, der auch Thingsus genannt wurde, noch immer Respekt mit dem Wochentag Dienstag. Die Römer setzten Thingsus mit Mars gleich, ihrem Kriegsgott. So entstand der „Mars-Tag“ (Mardi im Französischen, Martes im Spanischen). Das Symbol erinnert an den Speer eines Kriegers. Wikinger trugen es geschnitzt im Kampf, um tapferer zu sein. Und so bedeutet die Rune, dass die fragende Person über den Mut verfügt, sich in eine aufregende Unternehmung zu stürzen. Vielleicht geht es um eine Führungsposition oder größere Verantwortung oder die eigenen Fähigkeiten werden wahrgenommen. Gesundheitsprobleme könnten beendet werden, denn Teiwaz steht für Stärke und Lebenskraft. Es braucht Mut, Probleme in einer Beziehung anzugehen.

Der Gott Teiwaz war Herrscher über Gerechtigkeit und Krieg, sodass die Rune auch dafür steht, dass die fragende Person ihr Recht auf ihrer Seite hat: in einem Prozess beispielsweise. Der Erfolg könnte aber auch ein Opfer fordern, wie in der Legende, in der der Gott dem Wolf Fenrir seine rechte Hand opferte, um die Welt zu beschützen.

VERKEHRT HERUM

Die fragende Person ist zu ängstlich, die Motivation zu niedrig. In rechtlichen oder geschäftlichen Problemen gibt es Fallstricke. Die Gesundheit bedarf besonderer Fürsorge. Einem Beziehungsproblem wird aus dem Weg gegangen.

GOTTHEIT	Tyr
BAUM	Eiche
TIER	Wolf
ZAHL	XVII
FARBE	Leuchtendes Rot
VOGEL	Krähe
PFLANZE	Eisenhut
KLANG	T

IRDISCHE BEDEUTUNG

GERECHTIGKEIT
LEIDENSCHAFT
ANTRIEB
SIEG

SPIRITUELLE BEDEUTUNG

DAS ÜBER-
GEORDNETE WOHL
RECHTSCHAFFEN-
HEIT

BERKANA
DIE BIRKE

Die elegante Birke gehört zu den Bäumen, die als erste Blätter bekommen, und wurde den germanischen Fruchtbarkeitsriten im Frühjahr zugeordnet. Es ist die Rune des neuen Lebens.

Mit Birkenzweigen sollte die Fruchtbarkeit der germanischen Frauen und des Viehs verbessert werden. Sie glaubten, dass leichte Schläge mit einem belaubten Birkenzweig die Lebenskraft und die Empfängnis stärkten. Wird die Rune gelegt – die, wie viele Experten behaupten, ein Piktogramm der weiblichen Brust ist -, kann das auf Empfängnis oder Geburt eines Babys hinweisen. Allerdings wird Fruchtbarkeit auch im weiteren Sinn verwendet, zum Beispiel kann damit ein Projekt, unser „Baby", gemeint sein oder kreative Pläne aller Art. Die fragende Person kann eine gehaltvolle Quelle neuer Ideen sein oder es fällt ein Vorschlag auf fruchtbaren Boden.

Ein neugeborenes Baby braucht aufmerksame Pflege, genauso sollten wir auch mit unseren Ideen und Projekten umgehen, damit sie zur Reife gelangen. Berkana ist normalerweise eine positive Rune, die aber auch daran mahnt, auf Grundlegendes zu achten. Ein Hinweis, sich um existierende Projekte oder die Familie und Kinder zu kümmern.

VERKEHRT HERUM

Das kann auf blockierte Kreativität hinweisen. Vielleicht gibt es gesundheitliche Probleme, Sorgen wegen der Kinder oder Aufruhr in der Familie. Es heißt nun, aufmerksam zu sein, aber auch so herum ist die Rune nicht negativ.

GOTTHEIT	Freya
BAUM	Birke
TIER	Bär
ZAHL	XVIII
FARBE	Dunkelgrün
VOGEL	Schwan
PFLANZE	Mutterkraut
KLANG	B

IRDISCHE BEDEUTUNG

KREATIVITÄT
NEUE IDEEN
GEBURT
VERSORGUNG

SPIRITUELLE BEDEUTUNG

MUTTERENERGIE
INNERES WACHSTUM

EHWAZ
DAS PFERD

Der Name der Rune bedeutet „Pferd", das Bild zeigt ganz deutlich einen Pferdekopf – Gesicht geradeaus, Ohren gespitzt. Dieses starke Tier wurde von den germanischen Völkern verehrt.

Ganz deutlich besteht eine Verbindung von Ehwaz zum lateinischen Wort *equus*. Die gemeinsame Wurzel zeigt, dass Pferde im Leben der meisten frühen Siedler in Europa eine wichtige Rolle spielten, so auch noch in der angelsächsischen Zeit. „Das Pferd ist dem Lord inmitten seiner Noblen eine Freude", sagt ein Runengedicht. Pferde ermöglichten Viehtrieb, das Überwinden langer Distanzen, mit ihnen bezwang man seine Feinde. Sie wirkten transformierend auf die Menschen. Auch die Götter schätzten sie: Odins Pferd war der achtbeinige Sleipnir, der stärker und schneller als jedes andere Tier war.

Die Pferde-Rune ist immer ein gutes Omen für eine Reise, kann aber ebenso gut einen erfolgreichen Neubeginn bedeuten, einen Umzug und eine spirituelle Reise. Aber nicht nur die Schnelligkeit des Pferdes zählt, der Reiter muss seine Kraft beherrschen. So kann nur die Zusammenarbeit eine Unternehmung oder Beziehung erfolgreich machen. Geschäftspartnerschaften sind besser als Solounternehmungen.

VERKEHRT HERUM

Auf dem Weg liegen Hindernisse, es kann zu Interessenskonflikten kommen. Achten Sie darauf, die Gefühle anderer nicht mit Füßen zu treten, um erster zu sein.

GOTTHEIT	Frey
BAUM	Esche
TIER	Pferd
ZAHL	XIX
FARBE	Weiß
VOGEL	Albatros
PFLANZE	Kreuzkraut
KLANG	E

IRDISCHE BEDEUTUNG

UMZUG
ENTWICKLUNG
REISE
ZUSAMMENARBEIT
PARTNERSCHAFT

SPIRITUELLE BEDEUTUNG

INNERER
FORTSCHRITT
DUALITÄT DER
NATUR

MANNAZ
DER MENSCH

Das Runensymbol erinnert stark an den lateinischen Buchstaben M und den griechischen Buchstaben „mu“. Aber seine symmetrische Form könnte auch eine Figur darstellen, die ihr Spiegelbild ansieht oder auch zwei Flaggen von Wunjo im Spiegelbild.

Diese Rune repräsentiert den Menschen, die Menschheit und den menschlichen Zustand. „Kein Mensch ist eine Insel“, sagt das Gedicht von Donne. Diese Rune lehrt uns, dass wir Teil einer großen Gemeinschaft und gleichzeitig Individuen sind. Mannaz umfasst das Selbst, die Gruppen, zu denen wir gehören, und die menschliche Rasse. Zeigt sich Mannaz in einer Legung, sollten wir überlegen, was unser „Stamm“ benötigt und selbstsüchtige Wünsche zur Seite schieben. Jetzt ist eine besonders gute Zeit für wohltätige Betätigungen. Unterstützung kann aus der Familie oder einer unserer anderen Gruppen kommen. Das hilft uns, uns daran zu erinnern, was uns verbindet.

Alle Runengedichte betonen, dass die Menschen aus Erde gemacht wurden und auch dorthin wieder zurückkehren (oder anders: „Asche zu Asche, Staub zu Staub“). Am Ende sind wir allein und doch verbunden und müssen vielleicht einen Schritt aus uns selbst heraustreten, um den eigentlichen Sinn wieder zu erfassen, Rat von anderen zu erbitten oder darüber zu meditieren, wer wir im Kern sind – in der Kommunikation mit dem Göttlichen.

VERKEHRT HERUM

Steht Mannaz auf dem Kopf, sind wir mit denen, die um uns sind, nicht mehr im Einklang und sollten uns kooperativ zeigen oder uns wappnen gegen die, die gegen uns sind.

GOTTHEIT	Heimdall
BAUM	Ilex
TIER	Keins
ZAHL	XX
FARBE	Dunkelrot
VOGEL	Habicht
PFLANZE	Alraune
KLANG	M

IRDISCHE BEDEUTUNG

FAMILIE
FREUNDSCHAFT
WOHLTÄTIGE TATEN
ALLGEMEINWOHL

SPIRITUELLE BEDEUTUNG

DAS SELBST
TRANSZENDENZ
GEMEINSCHAFT

LAGUZ
DAS WASSER

In seiner nordischen Version, *logr*, bedeutet das Wort Wasserfall. Im isländischen Runengedicht ist es ein „Land der Fische" und die Angelsachsen erzählen von den Gefahren von Reisen über die unvorhersehbaren Meere.

Einerseits ist Laguz eine weitere Reise-Rune und kann für eine physische Reise übers Wasser stehen, in seiner anderen Bedeutung symbolisiert Laguz aber auch die tiefe und ewig wechselhafte Natur des Wassers. Laguz steht für die verborgene Dimension, das Unbewusste oder die Geheimnisse des spirituellen Universums. Taucht die Rune auf, sollen wir womöglich unserer Intuition vertrauen – unserem standhaften Schiff, das sich seinen Weg durch das Unbekannte bahnt. Die fragende Person soll sich darauf besinnen, „mit dem Strom zu schwimmen" anstatt zu versuchen, die Flut zurückzudrängen, was ein fruchtloses Unterfangen ist.

Die fragende Person soll Träumen und Ahnungen besondere Aufmerksamkeit zuteilwerden lassen, die gerade sehr wichtig sind. Für den empfänglichen Geist ist nun eine gute Zeit fürs Studieren, für spirituelle Handlungen oder künstlerische Projekte.

VERKEHRT HERUM

Laguz auf dem Kopf stehend ist eine Warnung, dass die fragende Person ins Schwimmen geraten ist und nicht auf ihre Intuition hört. Es ist nun Zeit, sich zu besinnen.

ᛚ

GOTTHEIT	Njörd
BAUM	Purpurweide
TIER	Seehund
ZAHL	XXI
FARBE	Grün
VOGEL	Ente
PFLANZE	Lauch
KLANG	L

IRDISCHE BEDEUTUNG

REISE ÜBERS WASSER
INTUITION
IM FLUSS SEIN
KREATIVITÄT
BEWEGUNG UND
FORTSCHRITT

SPIRITUELLE BEDEUTUNG

VORAHNUNG
UNBEWUSSTE
SEHNSÜCHTE
DAS UNBEKANNTE

INGWAZ
DIE KRAFT

Die Rune Ingwaz umgeben viele Geheimnisse. Experten sind sich allerdings einig, dass sie nach dem Gott Ing benannt wurde, dem uralten Vorgänger des Fruchtbarkeitsgotts Frey.

Wie Berkana ist auch diese Rune mit der Fruchtbarkeit verbunden, aber Ingwaz besitzt einen eindeutigeren Hang zu Sex und sexueller Energie. Das Bild kann mit Bestimmtheit als phallisches Symbol angesehen werden (das die Peniseichel darstellt), einige Fachleute behaupten hingegen, das Bild ist ein yonisches Symbol und zeigt ein weibliches Genital.

Ingwaz kann auf viele Arten interpretiert werden. Die Verbindung zur Fruchtbarkeit kann so gedeutet werden, dass eine Empfängnis kurz bevorsteht oder dass man sich bald einer starken sexuellen Anziehung hingibt. Es kann auch auf die Entladung aufgestauter Spannung hinweisen – vielleicht wächst sich ein Problem bei der Arbeit aus oder es folgt auf eine stressige Phase Entspannung.

Sexuelle Energie ist mit kreativer Energie gleichwertig: Die Libido – im psychologischen Sinn – ist die Kraft, die uns zum Sex treibt, uns aber auch Häuser entwerfen und Symphonien schreiben lässt. Daher kann diese Rune wilde, künstlerische Inspiration bedeuten, die in einem Meisterwerk gipfelt. Ingwaz haftet Vollendung und Errungenschaft an, aber auch dynamisches Wachstum. Die Rune besitzt keine umgedrehte Bedeutung.

Der Drang, etwas zu schaffen, kann nicht aufgehalten werden, er wird einen Ausweg finden.

GOTTHEIT	Frey
BAUM	Apfelbaum
TIER	Keiler
ZAHL	XXII
FARBE	Orange
VOGEL	Kuckuck
PFLANZE	Braunelle
KLANG	Ng

IRDISCHE BEDEUTUNG

ERRUNGENSCHAFT
SCHWIERIGKEITEN ÜBERWINDEN
KREATIVITÄT
VOLLENDUNG
FRUCHTBARKEIT

SPIRITUELLE BEDEUTUNG

EINHEIT
GELASSENHEIT

OTHALA
DIE HEIMAT

Manchmal steht Othala an letzter Stelle im Runenalphabet – am Ende der Reise, sozusagen. Sie bedeutet „Heimat" oder „Vaterland" und trägt die Idee der Abstammung in allen möglichen Formen.

Das Symbol könnte sehr wohl Dach und Ständerwerk eines Hauses oder einer Halle darstellen. Im Wort „Othala" steckt die Idee des Stammhauses oder Familiensitzes. Es kann aber auch für Wohlstand stehen, der auf irgendeine Weise nicht zugänglich ist (im Gegensatz zum beweglichen Wohlstand des Fehu, dem ersten Buchstaben des Futharks).

Wenn Othala aufgedeckt wird, sollten Angelegenheiten des Heims, der Familie und Besitztümer umsichtig behandelt werden. Es kann um eine Erbschaft oder eine neue Erwerbung gehen. Aber die Rune steht auch für Erbe im weitesten Sinn – die Eigenschaften, die uns von unserer Familie weitergegeben werden. Viele Geschichten, wie die biblische Geschichte des „verlorenen Sohnes" sagen uns, dass unser Zuhause dort ist, wo unser Herz ist. Wir alle neigen dazu, unsere Heimat zu verlassen, wenn wir jung sind, um unseren Weg in der Welt zu machen. Häufig stellt sich dann heraus, dass wir auf der Suche nach Heim und Herd sind. Diese Rune erinnert uns daran, dass wir die Lektionen, die wir durch die Älteren lernen, mit unseren eigenen Einsichten verknüpfen sollten, wenn wir den Sinn des Lebens tatsächlich verstehen wollen.

VERKEHRT HERUM

Stellen Sie sich Ihren Verantwortungen und erwarten Sie keine Hilfe von außen. Ein umgedrehtes Othala kann bedeuten, dass man die Gaben, die man bekam, vergeudet hat, Erbe oder Unterstützung durch die Familie und dass man sich ungezogen aufführt.

GOTTHEIT	Odin
BAUM	Weißdorn
TIER	Lachs
ZAHL	XXIII
FARBE	Sattgelb
VOGEL	Rabe
PFLANZE	Gänseblümchen
KLANG	O

IRDISCHE BEDEUTUNG

ERBE
BESITZ
FAMILIE
VERANTWORTUNG

SPIRITUELLE BEDEUTUNG

UNIVERSELLE
WAHRHEITEN

DAGAZ
DER TAG

Am Ende des Runenalphabets steht das Symbol der zyklischen Erneuerung. Es erinnert uns, dass nach jedem Tag, der endet, ein neuer beginnt.

Die einfache Bedeutung des Namens ist „Tag". Das alte germanische Wort ist mit dem Wort für Tag verwandt, das in vielen europäischen Sprachen vorkommt. Die Dreiecke auf dem Piktogramm, die aus einem zentralen Punkt kommen, stehen höchstwahrscheinlich für Sonnenstrahlen – ähnlich den dreieckigen Seiten der ägyptischen Pyramiden, deren Spitzen zusammenkommen. So findet sich dieselbe Symbolik in unterschiedlichen Zeitaltern und Zivilisationen wieder.

Dagaz beschwört, wie Jera, die natürlichen Kreisläufe des Planeten und des Universums. Während Jera von der Belohnung nach langer, harter Arbeit und Mühsalen berichtet, verspricht Dagaz, dass jeden Tag die Sonne aufgeht, ob wir es verdienen oder nicht. Es erinnert uns daran, dass die Hoffnung immer mit uns ist, dass die, die sich im Dunkel der Nacht gequält haben, am Morgen das Licht des Tages sehen. Diese Rune sagt uns, dass unsere eigene Einstellung häufig unser schlimmster Gegner ist und dass alles, was wir brauchen, um voranzukommen, eine andere Einstellung ist. Wir müssen nicht immer gewinnen oder etwas erreichen. Manchmal kann man mit dem glücklich sein, was ist oder was sein wird. Diese Rune hat verkehrt herum keine andere Bedeutung.

Die Tage sind nicht gezählt. Jeder neue Tag ist so weit und grenzenlos wie der Himmel in der Morgendämmerung.

GOTTHEIT	Heimdall
BAUM	Fichte
TIER	Hirsch
ZAHL	XXIV
FARBE	Hellblau
VOGEL	Feldlerche
PFLANZE	Muskatellersalbei
KLANG	D

IRDISCHE BEDEUTUNG

HOFFNUNG
ERLEICHTERUNG
KLARHEIT
VERSTÄNDNIS
ENTWICKLUNG

SPIRITUELLE BEDEUTUNG

BESTIMMUNG
HÖHERES BEWUSSTSEIN
GEGENSEITIGKEIT

WYRD
DAS SCHICKSAL

Die 25. Rune ist eine moderne Ergänzung - und leer. Die Übersetzung von Wyrd ist „Schicksal“, der Name einer der Nornen, weiblichen Wesen, die über das menschliche Schicksal wachen. Sie sind das nordische Äquivalent zu den griechischen Moiren.

Die Norne, die als Wyrd bekannt ist, kümmerte sich um die Vergangenheit, ihre Schwestern um Gegenwart und Zukunft. Die leere Rune sagt uns, dass wir akzeptieren sollen, was ist, denn unser Schicksal wurde vor langer Zeit besiegelt. Seine Leere sagt uns, dass die Rune weder positiv noch negativ ist. Sie kann für zwei Dinge gleichzeitig stehen oder für zwei gegensätzliche Aspekte derselben Sache.

Die Nornen sind die Vorbilder der drei Hexen, die Macbeths Schicksal in Shakespeares Drama verhöhnen. Das heißt aber nicht, dass die Rune Wyrd ein schlechter Einfluss ist. Es kann bedeuten, dass die gestellte Frage nicht beantwortet werden kann und dass sich später zeigen wird, was dabei herauskommt, wenn wir unseren Weg weiter verfolgen. Häufig erklären die umliegenden Runen Wyrds Bedeutung: Sind diese positiv wie Sowilo oder Wunjo, dann können Sie eine unerwartete, aber glückliche Wendung erwarten. Sind die Runen drumherum rauer, wie Hagalaz, dann sind die Schwierigkeiten, die auf die fragende Person zukommen, unabwendbar und müssen mit so viel Würde wie möglich durchgestanden werden. Manchmal ist die leere Rune eine Erinnerung daran, dass man nicht alles wissen soll. Vielleicht stößt die fragende Person in Gebiete vor, die sie nichts angehen.

Wir können nicht alles wissen. Größte Geheimnisse offenbaren sich mit der Zeit.

GOTTHEIT	Nornen
BAUM	Esche
TIER	Hermelin
ZAHL	XXV
FARBE	Schwarz
VOGEL	Elster
PFLANZE	Vergissmeinnicht
KLANG	Keiner

IRDISCHE BEDEUTUNG

UNSICHERHEIT
UNBEKANNTE
KONSEQUENZEN
AKZEPTANZ
VERTRAUEN

SPIRITUELLE BEDEUTUNG

DAS
UNERKENNBARE
SCHICKSAL

„Solange sich
die Räder drehen,
frage nicht, wie
lange die Reise
dauert.“

Runenmotto, *Raidho*

DIE NÄCHSTE STUFE

VERTIEFUNG DER ARBEIT MIT RUNEN

Wenn Sie allmählich vertrauter mit den Runen werden, werden Sie bemerken, dass Ihre Deutungen immer genauer und aufschlussreicher werden. Bevor Sie für andere Personen Runen legen, ist es ratsam, sich die Runensymbole einzuprägen und intensiv über deren Bedeutung nachzudenken. Durch den Umgang mit den Karten stimmen Sie sich stärker auf die Runen ein.

Ein wichtiger Teil des Prozesses ist es, die Karten mit Respekt zu behandeln und Rituale zu entwickeln, um den Geist zu fokussieren und die Kraft, die in den uralten Symbolen wohnt, zu wecken. Viele, die Runen legen, glauben, dass ihre eigene Energie auf die Karten übergeht. Überlassen Sie sie daher nie anderen Menschen, es sei denn in einer Legung, zum Karten abheben oder auswählen. Vor allem sollen die Karten nicht verliehen oder nachlässig behandelt werden.

DAS RUNENTUCH

Meist werden Runen auf ein Runentuch geworfen. Ob es dabei um Runen aus Naturmaterialien wie Kiesel handelt oder um Karten wie in diesem Deck – es schützt sie vor Beschädigung und Verschmutzung. Außerdem haben Sie und die fragende Person so einen abgegrenzten Bereich, der es einfacher macht, sich zu konzentrieren.

Runentücher gibt es in vielen unterschiedlichen Arten im Internet oder in Fachgeschäften. Was Sie aber im Grunde brauchen, ist ein einfaches Stück Stoff, das nicht leicht Falten schlägt (Seidenjersey zum Beispiel). Ein weißes, ungemustertes Tuch eignet sich am besten, da es nicht von den Runen ablenkt. Das Tuch sollte groß genug für das Keltische Kreuz (s. Seite 29) sein. Ein quadratisches Tuch mit einer Kantenlänge von 45 cm ist eine gute Wahl, ein Kreis sollte größer sein, etwa 50 cm im Durchmesser.

RUNEN KAUFEN

Runen sind wunderschöne Gegenstände und Instrumente zum Wahrsagen. Viele Menschen besitzen mehr als einen Satz. Irgendwann sollten Sie sich Runen aus solidem, traditionellem Material besorgen. Es gibt Runen-Sets aus unterschiedlichstem Material, darunter Glas, Stein, Holz, Knochen oder Halbedelsteine wie Aquamarin, Amethyst, Jade, Bergkristall oder Jaspis. Kristalle werden mit bestimmten menschlichen Attributen assoziiert: Weisheit, Liebe, Intelligenz und andere. Vielleicht lassen Sie sich dadurch bei Ihrer Wahl leiten. Sehen Sie sich die folgende Tabelle an und überlegen, welche Eigenschaften der Kristalle Ihnen am wichtigsten sind. Oder Sie nehmen die, zu denen Sie sich am stärksten hingezogen fühlen. Zum Schutz sollten Ihre Runen immer in einem Stoffsäckchen gelagert und auf einem Runentuch ausgelegt werden.

KRISTALL-ASSOZIATIONEN

BERGKRISTALL:	Weisheit & Verständnis
ROSENQUARZ:	Liebe, Empathie & Heilung
ROTER JASPIS:	Mitgefühl & Schutz
AMETHYST:	Intuition & übersinnliches Verständnis
HÄMATIT:	Erdung & Schutz
MONDSTEIN:	Sensitivität & innere Vision
SODALITH:	Kommunikation & Intelligenz
JADE:	Weisheit & spirituelle Wahrnehmung
LAPISLAZULI:	Prophezeiung & Wahrheit

Die Eibe. Verwenden Sie Holz, dem bestimmte Eigenschaften zugeschrieben werden, zum Beispiel Eibe, Eiche, Esche und Ulme.

RUNEN SELBST ANFERTIGEN

Es gibt viele Runenwerfer, die überzeugt sind, dass selbstgemachte Runen mächtiger sind, da sie ihren speziellen Ansprüchen angepasst sind und ihren Geist in sich tragen.

Eine unkomplizierte Art, eigene Runen anzufertigen, ist das Sammeln kleiner Steine von ungefähr gleicher Größe. Dabei kann sogar die Suche nach geeigneten Steinen Spaß machen. Versehen Sie sie mit den Symbolen, die sie mit Lack versiegeln. Oder Sie stellen ein Runen-Set aus Ton oder Lehm her. Bringen Sie das Material in die gewünschte Form und ritzen mit einem spitzen Werkzeug das Symbol in die Oberfläche.

Auch Holz ist ein großartiger Werkstoff für Runen. Nehmen Sie dafür vorzugsweise eine Holzart, die in den Legenden der Teutonen (Germanen) vorkommt: Ulme, Esche, Eibe, Eiche, Weißdorn (vermeiden Sie Birke, deren Holz sehr weich ist).

Sie benötigen einen schlanken Ast, etwa 60 cm lang, am besten einen, der schon abgefallen ist, anstatt einen frischen abzusägen. Den Ast schneiden Sie in dünne Scheiben, das funktioniert gut mit einer elektrischen Bandsäge. Glätten Sie die Scheiben mit Sandpapier und schnitzen mit einem feinen Meißel die Symbole ins Holz. Ziehen Sie die Symbole mit Tinte oder Farbe nach, dann sind sie leichter zu erkennen. Versiegeln Sie sie mit hellem oder Klarlack. Bleiben Sie während des ganzen Prozesses fokussiert, die Herstellung der eigenen Runen sollte eine liebevolle Angelegenheit sein.

RUNEN ALS TALISMANE

Die germanischen Völker verwendeten Runen, um Böses abzuwehren oder Glück anzuziehen. Runen wurden auf Schwertern und Schilden, auf Menhiren und Alltagswerkzeugen gefunden. Auch Sie können die Eigenschaften der Runen für sich nutzen, indem Sie die Symbole bei sich tragen. Dafür ist jedes Material geeignet: Papier, Ton oder auch Metall, wenn Sie Ihren eigenen Schmuck herstellen. Oder Sie suchen sich eine der sieben Talisman-Karten dieses Sets aus (s. unten).

Vielleicht machen Sie sich auch eine Binderune, ein Symbol oder eine „Ligatur“ aus zwei oder mehr verbundenen Runen. Binderunen stammen aus der Prä-Wikinger- und Mittelalterzeit, häufig als Signatur, als Autorenzeichen unter Inschriften. Esoterischer ist der Ansatz, dass Sie durch die Binderune die Charakteristika der Runen in sich aufnehmen möchten. So könnten Sie zum Beispiel Fehu (Geld) und Algiz (Schutz) kombinieren, wenn Sie ein neues Unternehmen gründen möchten. Eine Illustration dazu finden Sie in diesem Buch auf Seite 2. Oder nehmen Sie Gebo und Wunjo, wenn Sie einer Liebesbeziehung Glück hinzufügen wollen.

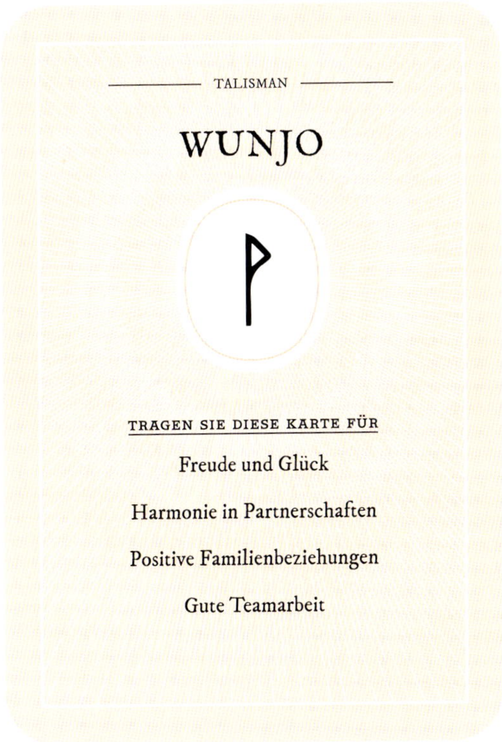

Über Gebo zu meditieren verhilft zur Klarheit, wie auf eine großzügige Geste reagiert werden kann.

Verlieren Sie die Geduld bei einem Problem, beschwört Jera die Erkenntnis, dass der Lohn die Mühe wert ist.

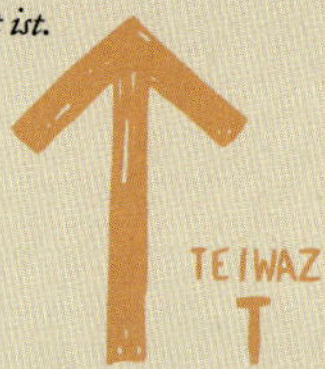

Über Teiwaz zu meditieren, verstärkt Ihren Sinn für Gerechtigkeit und Fairness.

Steht Ihnen eine große Veränderung bevor, meditieren Sie über Dagaz, um Trost und Mut zu erhalten.

RUNENMEDITATION

Die Meditation über eine Rune ist eine wunderbare Methode, sich ihrer tieferen Bedeutung zu öffnen. Auch hilft sie, sich auf bestimmte Eigenschaften zu konzentrieren und sie in Ihr Leben aufzunehmen. Am besten meditieren Sie in einer hellen und aufgeräumten Umgebung ohne Ablenkung – verständigen Sie alle Mitbewohner, dass Sie eine Zeit ungestört bleiben möchten. Tragen Sie bequeme Kleidung mit ausreichend Schichten, um während der Meditation warm zu bleiben. Stellen Sie sich einen Wecker auf fünf, zehn oder zwanzig Minuten, je nachdem, wie lange Sie meditieren möchten.

Wählen Sie die Rune aus, über die Sie meditieren möchten – vielleicht nach ihrer nummerischen Reihenfolge oder Sie ziehen blind eine Karte oder Sie spüren, dass eine Rune Sie in dem Moment ganz besonders anspricht. Lesen Sie die entsprechende Seite in diesem Buch und das Motto auf Seite 94. Denken Sie über die Schlüsselthemen und Charakteristika nach, ihre Eigenschaften und Assoziationen und warten Sie auf die Bilder, die sich in Ihrem Geist formen werden.

Sehen Sie sich das Runensymbol an und prägen sich seine Form ein. Um das Bild zu festigen, zeichnen Sie es auf Papier nach. Sagen Sie den Namen der Rune einige Male laut, damit Ihnen sein Klang vertraut wird. Dann bereiten Sie sich für die Meditation vor. Sitzen oder knien Sie auf dem Boden oder auf einem Stuhl, die Füße flach aufgestellt, den Rücken gerade, aber nicht steif, Nacken und Kopf in einer Linie mit der Wirbelsäule, Schultern entspannt und Hände in den Schoß.

Schließen Sie die Augen oder blicken Sie direkt auf den Boden. Nehmen Sie sich einen Moment und atmen ruhig. Dann stellen Sie sich das Symbol vor Ihrem geistigen Auge vor, sehen die Linien und seine Farbe (die finden Sie im Text, zusammen mit den Assoziationen). Malen Sie sich aus, wie das Symbol vor Lebenskraft vibriert.

Denken Sie an etwas, dass die Haupteigenschaft der Rune verkörpert, bei Isa wäre es ein aufragender Eisberg. Sehen Sie in Ihrem Geist die Details – die enorme Größe, die Stille, die Kälte. Versuchen Sie, etwas davon in Ihren Körper zu ziehen, während Sie weiter sitzen und normal atmen. Stellen Sie sich vor, Sie seien ernst und still wie ein Eisberg. Wiederholen Sie den Namen still – *Isa, Isa, Isa ...*

Wenn Sie die Meditation beenden wollen, lassen Sie das Bild, das Sie heraufbeschworen haben, sanft fortgleiten. Öffnen Sie langsam Ihre Augen und bleiben noch etwas sitzen, um nicht zu abrupt aus der Meditation herauszukommen. Sehen Sie sich das Symbol der Rune noch einmal an und sprechen ein letztes Mal den Namen laut aus. Schreiben Sie auf, zu welchen Erkenntnissen Sie gekommen sind.

WEITER ÜBEN

Ihr Verständnis für Runen wird durch dieses Buch auf eine Art vertieft, die Ihnen nicht unbedingt bewusst ist. Üben Sie immer weiter, dann wird sich Ihnen die Bedeutung der Runen Schritt für Schritt, Schicht um Schicht enthüllen.

Durch das Tragen von Schmuck, der ein Runensymbol zeigt, werden die assoziierten Tugenden beschwören: Wunjo für Freude, Ansuz für Weisheit, Fehu für Wohlstand und Thurisaz (unten) für Schutz.

Runenmottos

Algiz: Mut ist nicht die Abwesenheit von Angst, sondern der Wille, trotz Angst weiterzumachen.
Ansuz: Lausche wie der Wolf, beobachte wie der Rabe, so erhältst du Weisheit.
Berkana: Jeder Teil der Birke ist zu etwas gut. Jede unserer Handlungen sollte Sinn und Absicht haben.
Dagaz: Die Anzahl der Tage ist unendlich. Und jeder neue Tag ist so weit und grenzenlos wie der Himmel in der Morgendämmerung.
Ehwaz: Sei wie das Pferd: anmutig in der Bewegung, unermüdlich im Dienst, wunderschön, wenn es ruht.
Fehu: Was wir durch Schweiß und Mühsal erwerben, ist unser wertvollstes Gut.
Gebo: Der weise Beschenkte gibt zurück und teilt das Glück, das ihm zuteilwurde.
Hagalaz: Hagel wird am Boden zu Wasser. Auch die schlimmsten Zeiten halten etwas Gutes bereit.
Ihwa: Der Zweig der Eibe weiß, wann er sich biegen muss und wann nicht.
Ingwaz: Der Drang, etwas zu erschaffen, kann nicht eingedämmt werden, er wird einen Weg finden.
Isa: Die Zeiten, in denen wir stillhalten, können die Zeiten größten Fortschritts sein
Jera: Genieße die Zeit der Fülle, denn harte Zeiten werden immer wieder kommen.
Kenaz: Das hellste Feuer wird mit nur einem Funken entzündet.
Laguz: Unsere Gedanken sind wie Fische in schattiger Tiefe. Unsere Motive blinken flüchtig auf wie der Fischschwanz im Wasser.
Mannaz: Sei dir der Gemeinsamkeiten bewusst, die uns verbinden, nicht so sehr der Unterschiede, die uns trennen.
Naudiz: Einfachheit ist immer besser als Verzicht.
Othala: Alle deine Reisen führen dich wieder nach Hause.
Pertho: Wir können nicht immer ahnen, was das Resultat unserer Handlungen ist, denn sie haben ihre eigene Alchemie.
Raidho: Solange die Räder sich drehen, frage nicht, wie lange die Reise noch dauert.
Sowilo: Die Sonne ist ein Segen für die, die es verdienen und für die, die es nicht verdienen.
Teiwaz: Es braucht ebenso viel Mut, für das einzustehen, was richtig ist, wie in den Kampf zu ziehen.
Thurisaz: Eine beherzigte Warnung ist ein Schild in deinem Arm. Wird sie ignoriert, ist sie ein Schwert in der Hand deines Feindes.
Uruz: Nur wenn du deine größte Schwäche kennst, kannst du zu deiner größten Stärke finden.
Wunjo: Unsere Freuden währen nur so lange wie die Tage des Sommers, aber es wird immer einen neuen Sommer geben.
Wyrd: Wir werden nie über alles Wissen verfügen, das es gibt. Die größten Geheimnisse werden zu gegebener Zeit enthüllt.

STICHWORTVERZEICHNIS